"十二五"职业教育国家规划教材（修订版）
经全国职业教育教材审定委员会审定

U0868803

汽车维护

第2版

主　编　盛　姣
副主编　刘　星　江玉婷
参　编　张　晶　王　惠　顾　胤

机械工业出版社

本书是“十二五”职业教育国家规划教材修订版，是根据教育部颁布的《中等职业学校汽车运用与维修专业教学标准》，同时参考汽车维修类职业资格标准编写的。本书的主要内容包括汽车维护基础、汽车常规维护和汽车二级维护三部分，突出以学生学习为中心，注重学生动手操作能力的培养。

本书可作为职业院校汽车类专业的教学用书，也可作为汽车相关技术人员的培训参考书。

为方便教学，本书配套有课程标准、电子教案、助教课件和试卷等教学资源，选择本书作为教材的教师可登录机械工业出版社教育服务网（www. cmpedu. com）注册后免费下载。咨询电话：010-88379375。

为了便于读者自主学习、提高学习效率，本书配备了视频资源，读者可通过手机扫描书内二维码观看。

图书在版编目（CIP）数据

汽车维护/盛姣主编. —2版. —北京：机械工业出版社，2023. 11
“十二五”职业教育国家规划教材：修订版
ISBN 978-7-111-74294-4

Ⅰ. ①汽…　Ⅱ. ①盛…　Ⅲ. ①汽车-车辆修理-中等专业学校-教材
Ⅳ. ①U472. 4

中国国家版本馆CIP数据核字（2023）第223229号

机械工业出版社（北京市百万庄大街22号　邮政编码100037）
策划编辑：葛晓慧　　责任编辑：葛晓慧
责任校对：肖　琳　王　延　　封面设计：张　静
责任印制：李　昂
北京捷迅佳彩印刷有限公司印刷
2024年1月第2版第1次印刷
184mm×260mm · 8. 5印张 · 204千字
标准书号：ISBN 978-7-111-74294-4
定价：36. 00元

电话服务　　网络服务
客服电话：010-88361066　　机　工　官　网：www. cmpbook. com
010-88379833　　机　工　官　博：weibo. com/cmp1952
010-68326294　　金　书　网：www. golden-book. com
封底无防伪标均为盗版　　机工教育服务网：www. cmpedu. com

前 言

本书自2015年第1版出版以来，获得了较为广泛的认可与好评，获评“十二五”职业教育国家规划教材、江苏省“十四五”规划教材、江苏省优秀培育教材。为了贯彻党的二十大提出的科教兴国战略、优化职业教育定位的精神，依据教育部颁布的《中等职业学校汽车运用与维修专业教学标准》，并参照《汽车维护、检测、诊断技术规范》（GB/T 18344—2016），编者对第1版进行了修订。

我国汽车工业的高速发展和社会汽车保有量的与日俱增，带动了汽车维修行业的技术革命，大批的汽车维修企业如雨后春笋般涌现出来，出现了汽车后市场技能型人才的匮乏。现代汽车质量过硬，故障率低，在汽车的日常使用中，主要涉及的是汽车的维护工作，其业务量占到汽车维修业务的70%以上，所以，能熟练进行整车维护作业项目和流程就显得尤为重要。本次修订，主要体现以下特色：

1. 以项目为导向，深化产教融合。根据企业典型工作岗位任务和内容以及技能大赛的相关要求，设置学习项目，每个项目由多个典型工作任务组成，每个工作任务都配有操作步骤，指导性、实践性、可操作性强。

2. 以学生为中心。认真分析学生的学习特点，配以大量视频、图片和简练的文字，激发学生的学习兴趣；并提供工作页和习题，融合“学”与“做”，提高学生岗位能力和职业素养。

3. 以规范为准则。突出对学生技能操作规范化的培养，并把国家标准融进工作任务，从点滴做起，培养学生形成良好的职业道德和操作规范。

4. 以树人为目标。落实立德树人的根本任务，融入素质教育案例，引导学生热爱本职岗位、积极思考，培养学生的家国情怀、工匠精神、创新精神，树立“践行技能报国、匠心筑梦”的使命感。

本课程采用项目教学法，建议教学学时为76学时，具体分配如下：

项　　目	任　　务	参考课时
项目一　汽车维护基础	任务一　汽车维护的法规和标准	2
	任务二　安全保护	2
	任务三　安全作业须知	2
	任务四　常用工具的使用	4
	任务五　举升机的使用	2
项目二　汽车常规维护	任务一　汽车走合维护	4
	任务二　汽车日常维护	4
	任务三　汽车一级维护	6

（续）

项　目	任　务	参考课时
项目三　汽车二级维护	任务一　汽车二级维护前的检测	4
	任务二　发动机的二级维护	14
	任务三　底盘的二级维护	14
	任务四　电器、仪表的二级维护	6
	任务五　二级维护的竣工检验	2
附录　常见车型的二级维护	附录 A　丰田卡罗拉轿车的二级维护	5
	附录 B　雪佛兰科鲁兹轿车的二级维护	5

本书由江苏省无锡交通高等职业技术学校盛姣担任主编，江苏省无锡交通高等职业技术学校刘星、江玉婷担任副主编，武汉市交通学校张晶、江苏省无锡交通高等职业技术学校王惠、上海机动车检测中心技术有限公司顾胤参与编写。其中项目一由盛姣、刘星编写，项目二由张晶编写，项目三由江玉婷、王惠编写，附录由顾胤、盛姣编写。

由于编者水平有限，书中难免存在不足之处，敬请读者批评指正，以便再版时予以修正，使其日臻完善。

编　者

二维码索引

（续）

名称	图形	页码	名称	图形	页码
制动系统维护 2		78	转向系统维护		92
制动系统维护 3		78	灯光的检查		102
传动系统维护		86	刮水器的检查		102
行驶系统维护		88			

目录

项目一

汽车维护基础

项目描述

汽车维护的基础知识主要包括汽车维护的法规和标准、安全操作认知、工量具及设备的使用三部分。在实际生产中，大量存在从业人员法规意识和安全意识淡薄、工量具及设备操作不规范等现象，造成了不必要的经济损失和安全事故，因此学习本项目内容尤为重要。

任务一　汽车维护的法规和标准

学习目标

1. 知识目标

1）了解汽车维护制度。

2）掌握汽车维护技术标准。

2. 素养目标

1）强化标准与规范意识。

2）具备从事汽车维护工作所需的身体和心理素质。

知识储备

我国交通运输部在2023年最新颁布的《道路运输车辆技术管理规定》中要求，道路运输车辆技术管理应当坚持分类管理、预防为主、安全高效、节能环保的原则；对道路运输车辆实行择优选配、正确使用、周期维护、视情修理、定期检验检测和适时更新，保证投入道路运输经营的车辆符合技术要求。

汽车维修所包含的维护和修理，是性质不同的两种技术措施，由于目的不同，因此执行的条件也不同。汽车维护贯彻预防为主、强制维护的原则，其任务是保持车容整洁、降低零件磨损速度、预防故障发生、延长汽车使用寿命；汽车修理贯彻视情修理的原则，即根据车辆检测诊断和技术鉴定的结果，视情按不同作业范围和深度将达到工作极限的车辆恢复工作能力。

一、我国现行的汽车维护制度

1. 基本精神

我国现行的《道路运输车辆技术管理规定》明确了道路运输车辆技术管理的责任主体是道路运输经营者，提出了周期维护的新理念。道路运输经营者应当建立车辆维护制度，依据国家有关标准和车辆维修手册、使用说明书等，结合车辆类别、车辆运行状况、行驶里程、道路条件、使用年限等因素，自行确定车辆维护周期，确保车辆正常维护。

2. 维护制度的特点

针对我国汽车技术日新月异和道路运输业、汽车维修业的飞速发展，现行维护制度更加科学、合理、规范、低耗、高效，更好地体现技术与经济相结合的宗旨。与旧的维护标准对比情况见下表。

新旧维护标准对比

修订内容	旧维护制度	现行维护制度
车辆维修原则	定期检测、强制维护、视情修理	定期检测、周期维护、视情修理
维护周期	汽车一、二级维护行驶里程依据车辆使用说明书的有关规定，同时依据汽车使用条件的不同，由省级交通行政主管部门规定	汽车一、二级维护周期的确定应以行驶里程间隔为基本依据，行驶里程间隔执行车辆维修资料等有关技术文件的规定。道路运输车辆维护周期由道路运输经营者自己制定
二级维护竣工出厂合格证	要求经综检站检验合格后签发维护竣工出厂合格	汽车维护企业对竣工检验合格的汽车签发维护竣工出厂合格证

3. 汽车维护的分类

汽车维护包括清洗、检查、补给、润滑、紧固和调整等作业内容，可分为定期维护和非定期维护。定期维护分为日常维护、一级维护和二级维护；非定期维护分为季节性维护和走合维护，季节性维护可结合定期维护进行。

4. 各类维护的作业范围

（1）日常维护　日常维护是日常性作业，由驾驶人负责完成，其中心作业内容是清洁、补给和安全检视，是保持车辆正常工作状况的、经常性和必要性的工作。

（2）一级维护　一级维护由道路运输经营者组织实施，并做好记录。除日常维护作业外，以润滑、紧固为作业中心内容，并检查有关制动、操纵等系统中的安全部件的维护作业。

（3）二级维护　二级维护由道路运输经营者组织实施，并做好记录。除一级维护作业外，以检查、调整制动系、转向操纵系、悬架等安全部件，并拆检轮胎，进行轮胎换位，检查调整发动机工作状况和汽车排放相关系统等为主的维护作业。

（4）季节性维护　由于冬季与夏季的温差大，为使车辆在冬季和夏季都正常行驶，在换季之前应结合定期维护，并附加一些相应的项目，使汽车适应气候变化的运行条件，此种附加性的维护称为季节性维护。

（5）走合维护　汽车运行初期，改善零件摩擦表面几何形状和表面层物理力学性能的过程称为走合维护。

5. 汽车维护周期

（1）日常维护　出车前、行车中、收车后。

（2）一级维护　小型客车（车长≤6m）为10000km或30日。

（3）二级维护　小型客车（车长≤6m）为40000km或120日。

（4）汽车一级维护、二级维护周期的确定　应以行驶里程间隔为基本依据，行驶里程间隔执行车辆维修资料等有关技术文件的规定。对于不使用行驶里程间隔统计、考核的汽车，可用行驶时间间隔确定一级维护、二级维护周期。

道路运输车辆一级维护、二级维护推荐周期（GB/T 18344—2016）见下表。

道路运输车辆一级维护、二级维护推荐周期

适用车型		维护周期	
		一级维护行驶里程间隔上限值或行驶时间间隔上限值	二级维护行驶里程间隔上限值或行驶时间间隔上限值
客车	小型客车（含乘用车）（车长≤6m）	10000km或30日	40000km或120日
	中型及以上客车（车长>6m）	15000km或30日	50000km或120日
货车	轻型货车（最大设计总质量≤3500kg）	10000km或30日	40000km或120日
	轻型及以上货车（最大设计总质量>3500kg）	15000km或30日	50000km或120日
挂车		15000km或30日	50000km或120日

注：对于以山区、沙漠、炎热、寒冷等特殊运行环境为主的道路运输车辆，可适当缩短维护周期。

二、汽车技术维护的工艺组织

1. 汽车技术维护作业内容

汽车技术维护作业是汽车在技术维护过程中必须完成的技术措施。按其维护操作特点和执行条件，可分为以下几个基本单元。

（1）清洁养护作业　清除汽车外部污泥，打扫、清洗和擦拭车厢、驾驶室及各类附件，使车辆外表保持整洁、美观。

（2）检查与紧固作业　检查和紧固车辆各总成和零部件的外部连接螺栓，更换配置失落或损坏的螺钉、螺栓、销子和油嘴等零件。

（3）检查与调整作业　检查车辆各机构、总成和仪表的技术状况，必要时按使用要求进行调整。

（4）电气作业　对汽车所有电气仪表及设备进行清洁检验、调整和润滑等作业。更换或配置已损坏的零部件及导线，检查与维护蓄电池。

（5）润滑作业　清洗发动机润滑系统和机油滤清器，更换或添加润滑油，更换滤清器滤网；加注底盘专用润滑油或润滑脂；更换或加添制动液和减振液压油等。

（6）轮胎作业　检查轮胎气压及充气；检查气门芯及轮胎与轮辋的密封性能；检查外胎及清除嵌入物；更换内外胎和换位等作业。

（7）补给添加作业　检查油箱存油量，加添燃料、冷却液和油液等。

上述的划分，有利于工人迅速掌握并熟练操作技术，有利于设备、工具的配置和使用；

有利于减轻工人的劳动强度，提高工作质量和工作效率。

2. 汽车维护工艺

汽车维护工艺是指汽车维护的各种作业按一定方式组合、协调、有序进行的过程，其目的是按照一定顺序进行维护工作，实现高效、优质、低消耗。

汽车维护工艺的划分具有灵活性，可以按照作业的内容单一划分，可以将几个内容结合进行，也可以按汽车组成部分划分。总之，不管采用何种方式的工艺，首先符合车辆运行的工作制度，做到充分利用人力、物力，有机地组织和协调生产，以获取最高效益，取得最佳效果。

根据生产实践，汽车各级维护工艺顺序大致如下：

1）进行外表清洁作业。

2）进行检查紧固作业，与此同时或在其之后进行试验调整作业、电气作业、轮胎作业和添加作业等。

3）进行润滑作业和外表整修作业。

3. 汽车维护工艺的组织

汽车维护工艺的组织通常指在车间、工段或工位上的工艺组织。当汽车进场后，生产管理部门需要从全局出发，进行劳动组织工作。按照维护生产过程，正确合理地组织汽车维护作业，以获得最短的停厂维护时间和合格的维护质量。

汽车维护作业组织形式的确定，与维护场地布置及企业车辆保有量有关，并与汽车维护作业方式相对应。一般维护工艺的组织形式分为两种。

（1）综合作业法　综合作业法是把人数不多的工人组织成立一个维护小组，担任一辆车的某一级维护作业。这种劳动组织形式适用于定位作业法，由于维护工人少、速度慢、工作效率低，因而在车辆少、车型复杂、维修设备简单的企业里采用。

（2）专业分工法　专业分工法是在维护小组内配备专业工人，每个专业工人都按照固定的分工项目进行作业，这种组织方式既适用于定位作业法，也适用于流水作业法。采用定位作业法时，专业工人在车辆的不同部位平行交叉地在分工范围内进行作业。采用流水作业法时，把规定的维护作业项目按作业性质或作业部位划分，设置若干个专业工位，每个工位都配备必要的设备和专业工人，各工位按照维护作业顺序排列成流水作业线，车辆按顺序间歇地通过整个作业线，即可完成全部维护作业。这种劳动组织适合于具有较多同类型汽车的企业，维护工作有经常固定的内容和较固定的劳动量，并要求维护所需时间短。

任务二　安全保护

学习目标

1. 知识目标

1）掌握安全防护的要点。

2）了解“5S”管理的理念。

2. 技能目标

1）能够正确地进行工作着装。

2）能够对车辆进行正确的防护。

3. 素养目标

1）具备“5S”规范管理意识。

2）牢固树立安全生产意识，培养安全责任心。

知识储备

一、事故

1. 事故的因素

事故的因素分为人为因素和自然因素。人为因素是由于设备或工具使用不正确，衣物穿着不合适或操作人员不小心造成的事故。自然因素是由于设备或工具出现故障或缺少完整的安全装置、工作环境不良等造成的事故。人为因素与自然因素如图 1-1 所示。

图 1-1　人为因素与自然因素

2. 事故的危害

事故的危害有设备损坏和人身伤害。如果在工作中发生事故，将对本人及家庭、同事和公司造成非常大的影响。

二、“5S”管理理念

“5S”管理是现代企业普遍推行的一种重要的管理方法，是保持车间环境、实现快速可靠、安全工作的前提。“人造环境、环境造人”，一个良好的工作现场、操作现场有利于企业吸引人才、创建企业文化、降低耗损和提高工作效率，同时可以大幅提高全体人员的素质和培养爱岗敬业的精神。“5S”管理来自日文“整理”（SEIRI）、“整顿”（SEITON）、“清扫”（SEISO）、“清洁”（SEIKETSU）、“素养”（SHITSUKE）。发音的首字母都为S，所以简称为“5S”，如图 1-2 所示。

图 1-2　“5S”管理理念

（1）整理（SEIRI） 整理是指确认某种物体是否需要，如不需要应立即丢弃，以便有效利用空间。该物品可以是工具、零件甚至信息，应在指定的地方丢弃不需要的物品。

（2）整顿（SEITON） 整顿是指对需要的物品，根据使用频率进行整顿，以方便使用。其原则为将很少使用的物品放在单独的地方；将偶尔使用的物品放在工作场地；将经常使用的物品放在身边。

（3）清扫（SEISO） 清扫是指去除现场的垃圾、污点，经常清扫、检查，形成制度，采取根治污物的对策。

（4）清洁（SEIKETSU） 清洁是指企业、现场、岗位、设备时时保持干净状态，保持环境卫生。

（5）素养（SHITSUKE） 素养是指通过持续的整理、整顿、清扫和清洁，使之成为习惯的过程。

三、人员的保护

穿戴整洁的工作服和工作鞋，是职业化的具体体现，也是安全生产的具体要求。人员的保护如图 1-3 所示。

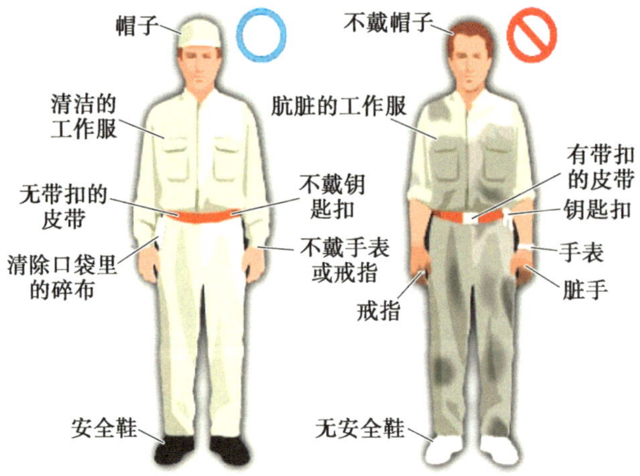

图 1-3 人员的保护

1. 工作服

为了安全和便于工作，工作服必须结实合身；为保护车内外的装饰，不要将传动带、纽扣、手表等坚硬物体暴露在外，同时保持工作服的整洁；为了防止受伤或烫伤，要规范工作服的穿着，尽量不要将皮肤裸露在外。

2. 工作鞋

工作鞋前部有保护钢板，底部可以防滑并且绝缘，可以起到很好的保护作用。在工作时，为了防止因重物坠落砸伤脚或因工作区域有油污而摔倒，必须穿戴符合要求的工作鞋。工作鞋如图 1-4 所示。

图 1-4 工作鞋

3. 工作手套

工作服和工作鞋是在工作中必须按要求穿戴的，而工作手套（图 1-5）并非必须佩戴，应根据自己的作业内容来选择。如提升重物或拆检类似排气管等热的物体时必须佩戴，以免受伤；在操作旋转性设备（如气动扳手）时，禁止戴手套。

在工作中，如操作会产生碎片的旋转性设备（如砂轮机）时，还应佩戴护目镜（图 1-6）。

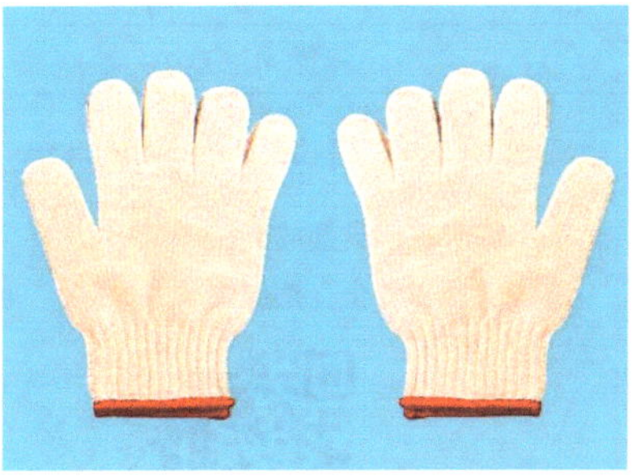

图 1-5　工作手套

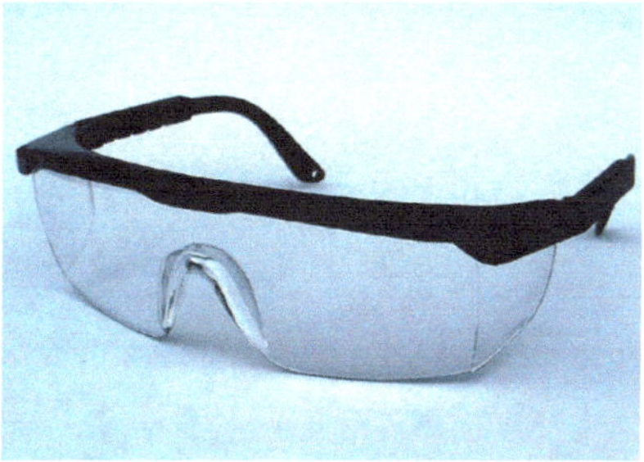

图 1-6　护目镜

四、车辆防护

在进行作业前，必须对车辆内外做好防护工作，这不仅是保护车辆，也能体现企业“客户至上”的理念。为了避免在作业时将客户车内弄脏，应铺好地板垫、座椅套和转向盘套等；为了避免在操作时损坏或腐蚀车辆外部，应铺好翼子板布和前格栅布；为了保证车辆不移动，还应放好车轮挡块，如图 1-7 所示。此外，为了保护作业环境，在起动发动机前还应接上排气烟道；在对车辆维护操作完成后，还应对车内外进行清洁。

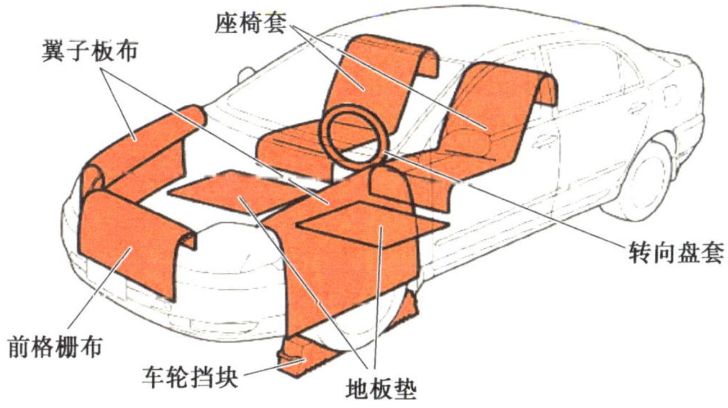

图 1-7　车辆的内外防护

任务实施

一、设备

整车、工作台和废气抽排装置。

二、工具

地板垫、座椅套、转向盘套、翼子板布、前格栅布、车轮挡块和抹布。

三、实施步骤

1. 工具准备

操作示意图	操 作 方 法
	1）将所需工具摆放到位 2）工具要齐全，摆放要整齐 工具准备

2. 车辆安全防护

操作示意图	操 作 方 法
 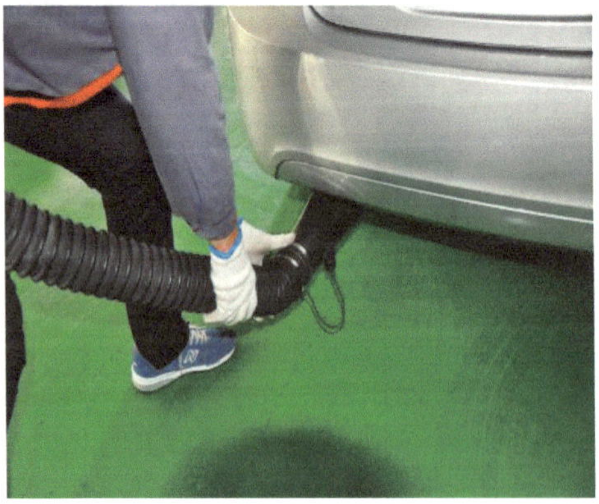	1）安装车轮挡块 2）安装排气烟道

3. 安装车内防护

操作示意图	操 作 方 法
	1）安装座椅套 2）安装转向盘套 3）铺地板垫

4. 安装车外防护

操作示意图	操 作 方 法
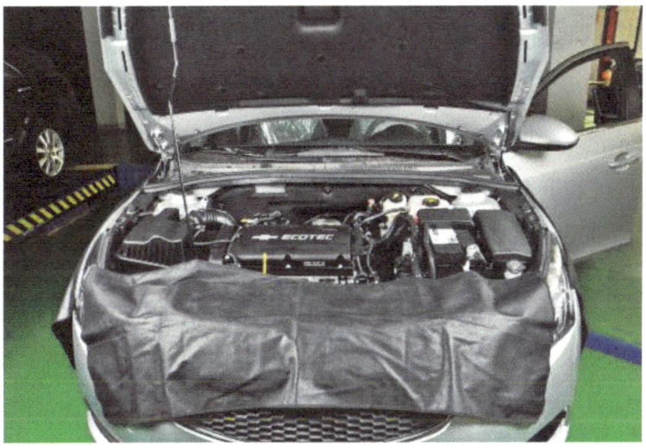	1）降下驾驶人侧车窗玻璃 2）拉发动机舱盖释放杆，打开发动机舱盖 3）安装翼子板布 4）安装前格栅布 安装车外防护

5. 车辆复位

操作示意图	操 作 方 法
	1）取下车内、外防护用品 2）取下排气烟道、车轮挡块 3）清洁车身

6. 工具复位

操作示意图	操 作 方 法
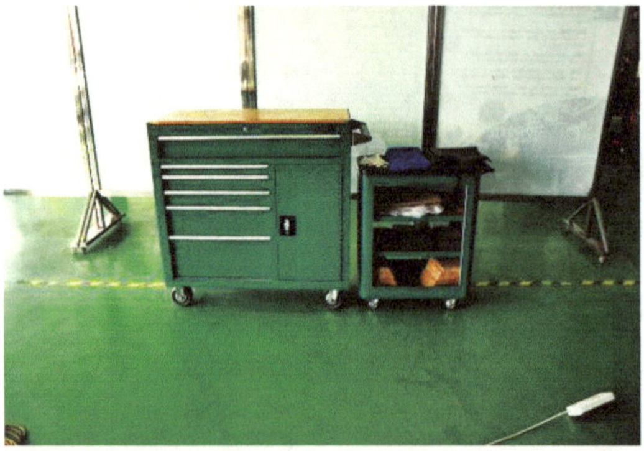	清洁并整理工具 注意：在操作工程中要体现“5S”管理理念

知识拓展

“5S”管理活动起源于日本，并在日本企业中得到广泛推行，它相当于我国企业开展的文明生产活动。“5S”活动的对象是现场的“环境”，它对生产现场环境的全局进行综合考虑，并制订切实可行的计划与措施，从而达到规范化管理。

随着越来越多的日资、港资及台资企业的进入，“5S”管理逐渐被国人所了解与认可，并在国内部分企业中开花结果。

“5S”管理通过规范现场、现物，营造一目了然的工作环境，培养员工良好的工作习惯，其最终目的是提升人的素质，养成良好的工作习惯。

1）革除马虎之心，凡事认真。

2）遵守规章制度，规范作业流程。

3）自觉维护工作环境，整洁有序。

4）文明作业，礼貌待人。

没有实施“5S”管理的工厂，作业现场混乱，地板黏着垃圾、油渍或铁屑等，久而久之形成污黑的一层；零件与箱子乱摆放，车辆在狭窄的空间里游走，容易发生碰擦危险；好不容易引进的最新设备未加维护，经过数月之后变成了性能不良的设备；要使用的工、量具和专用工具到处乱放；员工在作业中显得松松垮垮，规定的事项，也只有起初遵守而已，不能实现长期有效的管理。要改变这样的工厂面貌，实施“5S”管理最为合适。

检测与评价

序　　号	作 业 内 容	完 成 情 况
1	安装车轮挡块	
2	安装排气烟道	
3	安装车内防护	
4	降下驾驶人侧车窗玻璃	
5	打开发动机舱盖	

（续）

序　　号	作 业 内 容	完 成 情 况
6	安装车外防护	
7	车辆复位、清洁	
8	工具复位	

任务三　安全作业须知

学习目标

1. 知识目标

掌握安全作业常识。

2. 技能目标

1）能够正确预防火灾与触电。

2）能够正确处理火灾、触电的险情。

3. 素养目标

提高对安全生产中防火、防电的认知和责任意识。

知识储备

一、防火知识

1. 预防措施（图 1-8）

1）不得在工作场所吸烟。如在吸烟区吸烟，应确认烟头在烟灰缸里熄灭。

2）不得在正在充电的蓄电池旁使用明火或产生火花的设备，因为在充电时蓄电池产生可燃性气体（氢气）。

3）在润滑油存储地或可燃性的零件清洗剂附近，不得使用明火。

4）携带燃油或清洗剂到车间时，应使用密封的容器。

5）浸满润滑油或汽油的碎布在特定情况下，可能发生自燃，所以应将其放入带盖的金属容器内。

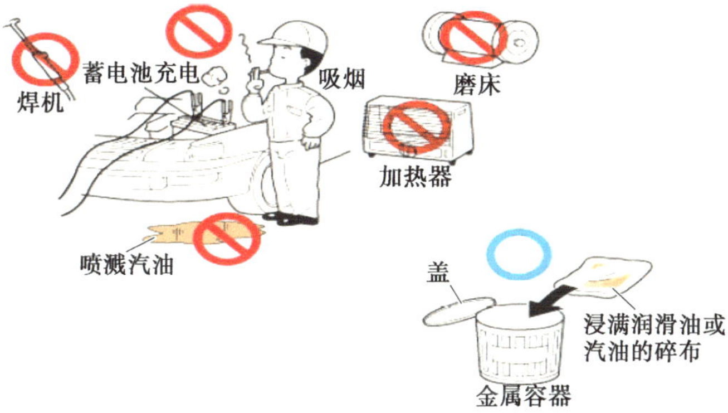

图 1-8　防火措施

6）不得将可燃性废润滑油或燃油倒入污水管道，这不仅造成环境污染，还可能造成污水管道发生火灾。应将这些废油倒入指定的回收容器内，加以回收利用。

7）在维修燃油系统前，应先断开蓄电池的负极，在没有修好前，可以防止误起动。

8）熟悉车间灭火器和消防栓的位置，并熟悉如何使用。

2. 施救

如发生火灾，首先拨打火警电话119，在消防员没有到达现场前，所有人员应配合扑灭火焰。

二、防电知识

1. 预防措施

预防措施如图1-9所示。

1）拔电缆插头时，不要拉电线，而应拉插头本身。

2）对于标有故障的电气开关，千万不要触碰。

3）不要靠近断裂或摇晃的电线。

4）不要用湿手接触电气设备。

5）不要让电线通过尖角、潮湿、有油污、高温的地方。

6）不要在起动机、配电箱等电气附近使用易燃物。

7）如发现电气设备不正常，应立即关闭电源开关，如图1-10所示，加以警示并上报。

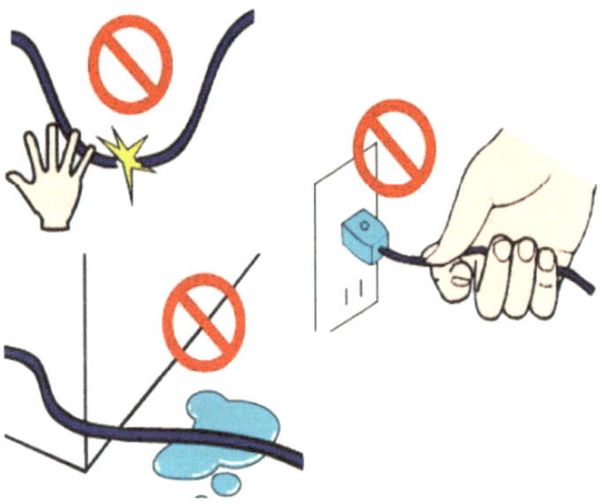

图1-9　防电措施

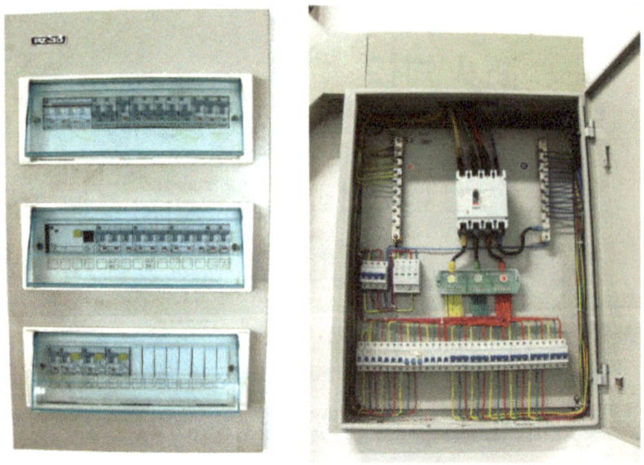

图1-10　电源开关

2. 施救

如果因电路或电气设备引起的火灾或人身伤害，应先断开电源开关，再施救。无论何时，在车间发现险情，都应立即向上级汇报。

知识拓展

1. 灭火器简介

灭火器是一种可携式灭火工具。灭火器内放置化学物品，用以扑灭火灾。灭火器是常见的防火设施之一，存放在公众场所或可能发生火灾的地方。不同种类的灭火器内装填的成分不一样，是专为不同的火警而设。使用时必须注意，以免产生反效果引起危险。

2. 灭火器分类

灭火器的种类很多，按其移动方式可分为手提式和推车式；按驱动灭火剂的动力来源可分为储气瓶式、储压式和化学反应式；按所充装的灭火剂则又可分为泡沫、干粉、卤代烷、二氧化碳和清水等。

不同国家对灭火器的分类稍有不同，但基本上都是按火的种类分为5类。以下是欧盟标准，我国亦使用这种分类方式。

A类：普通固体可燃物燃烧而引起的火灾，如木、草、纸张、塑料和橡胶等。

B类：油脂及一切可燃液体燃烧引起的火灾，如汽油、柴油和润滑油等。

C类：可燃气体燃烧引起的火灾，如石油气、天然气、乙炔和甲烷等。

D类：可燃金属燃烧引起的火灾，如镁、铜、铁和铝等。

E类：通电物体燃烧引起的火灾。

不同类型的灭火器是专为特定类型的火警而设，也只应用在该种火警之上，否则可能产生危险。

检测与评价

序　号	作业内容	完成情况
1	熟悉实训教室电气开关的位置	
2	安全操作电气开关	
3	熟悉实训教室消防设施的位置	
4	正确使用灭火器	
5	熟悉实训教室紧急情况逃生路线	

任务四 常用工具的使用

学习目标

1. 知识目标

1）掌握常用手动工具的使用要领。

2）掌握常用气动工具的使用要领。

2. 技能目标

1）能够合理选择和使用手动工具。

2）能够正确使用常用气动工具。

3. 素养目标

具备使用工具时的安全意识。

知识储备

一、常用手动工具

在汽车维修维护中，常用的手动工具主要有成套的套筒扳手、梅花扳手、呆扳手、扭力扳手、钳子、螺丝刀、活扳手、锤子和刮刀等。每件工具都有自己特定的功能和使用方法，如果用于规定用途之外或使用方法不正确，将有可能造成零件、工具甚至人员的伤害。工具使用完毕后，还应放置有序，及时清洁和涂油维护。

1. 成套套筒扳手

该工具是由一套多种规格的套筒、棘轮手柄和加长杆等组成，如图 1-11 所示。根据工作条件和螺栓（螺母）大小，选择不同的套筒和手柄，能快速拆装多种型号的螺栓（螺母）。成套套筒扳手组件的数量取决于其型号。

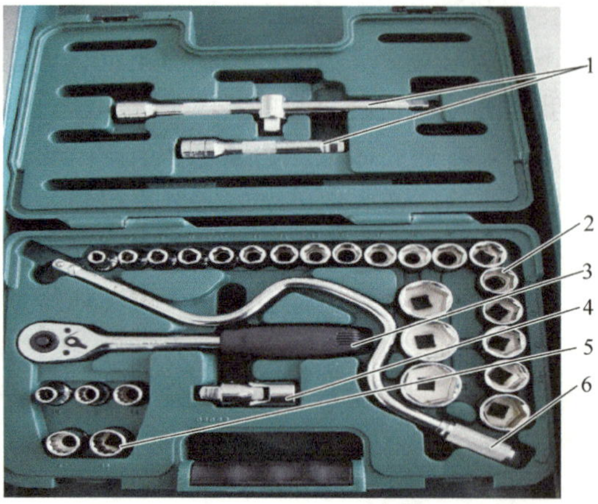

图 1-11 成套套筒扳手

1—加长杆 2—六角套筒 3—棘轮手柄 4—万向节 5—双六角套筒 6—摇把

（1）套筒 套筒的接口有大小两种规格，大的可以比小的获得更大的力矩；套筒的深度有标准型和深型两种，深型主要用于螺栓突出的场合。套筒的钳口有六角和双六角之分，应根据螺栓（螺母）的形式合理选用，如图 1-12 所示。套筒的大小尺寸有多种，应根据螺栓（螺母）尺寸正确选择。

（2）加长杆 加长杆有长短之分，主要用于拆装位置较深不易接触的螺栓（螺母），也可以用作抬高工具，便于操作，如图 1-13 所示。

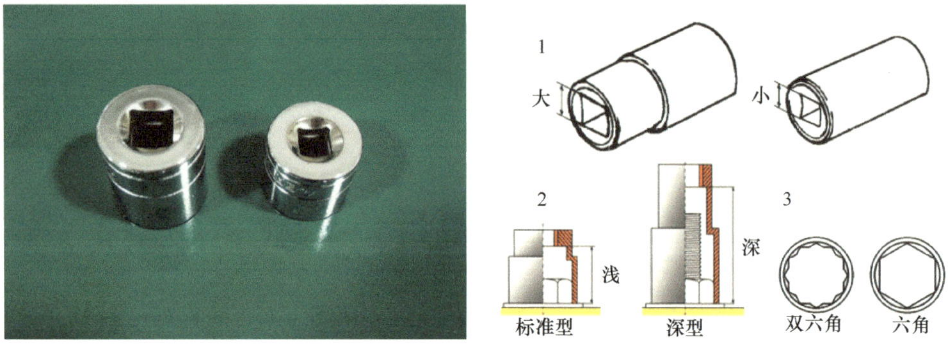

图 1-12 套筒的形式

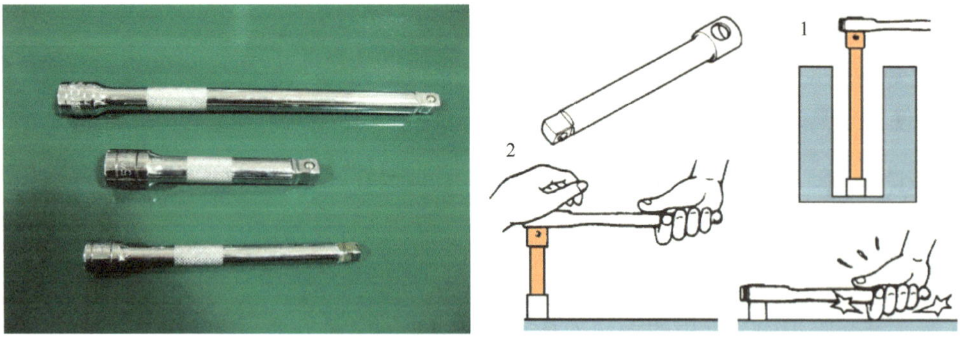

图 1-13 加长杆

（3）棘轮扳手　棘轮扳手需要与套筒配合使用，可以实现在有限的空间里快速拆装螺栓（螺母）。棘轮手柄可以调节旋向，在使用时要根据使用情况合理选择。在使用时切忌施加较大的力矩，否则将导致棘轮手柄中的棘爪机构损坏棘轮手柄，如图 1-14 所示。

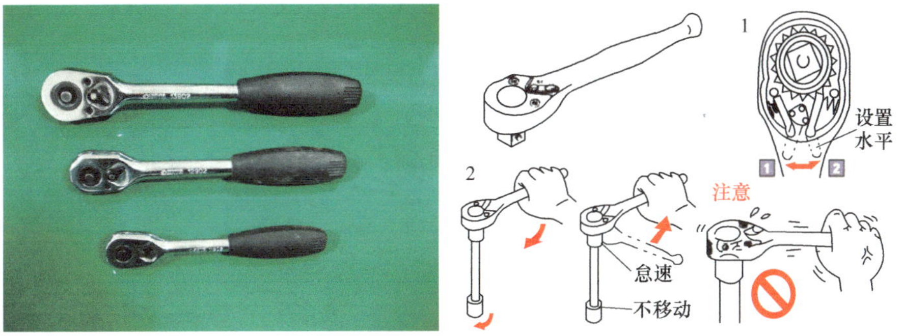

图 1-14　棘轮扳手

（4）滑动手柄　通过移动滑动手柄上的套头调整手柄长度。滑动手柄有两种使用方法：L 形——可以实现施加较大力矩；T 形——可以增加拆装速度。滑动手柄如图 1-15 所示。

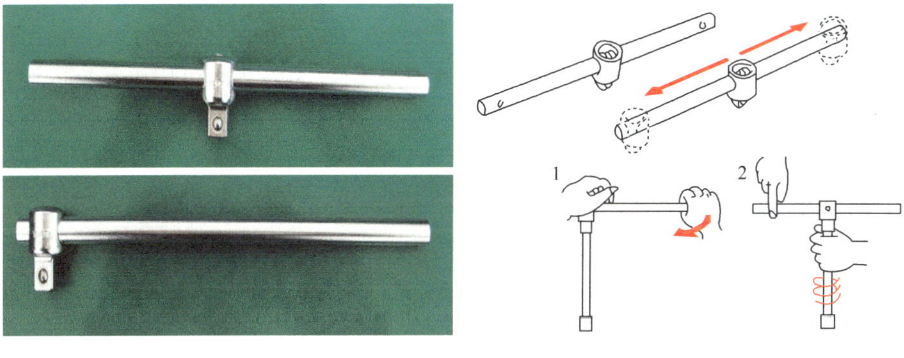

图 1-15　滑动手柄

（5）梅花扳手　梅花扳手可以对螺栓（螺母）施加较大的力矩，其尺寸有多种规格，并有长短之分，短型主要用于长度、方向、空间等有限的场合。梅花扳手的两端是有角度的，因此可方便地用于拆装凹进或平面上的螺栓（螺母）。梅花扳手如图 1-16 所示。

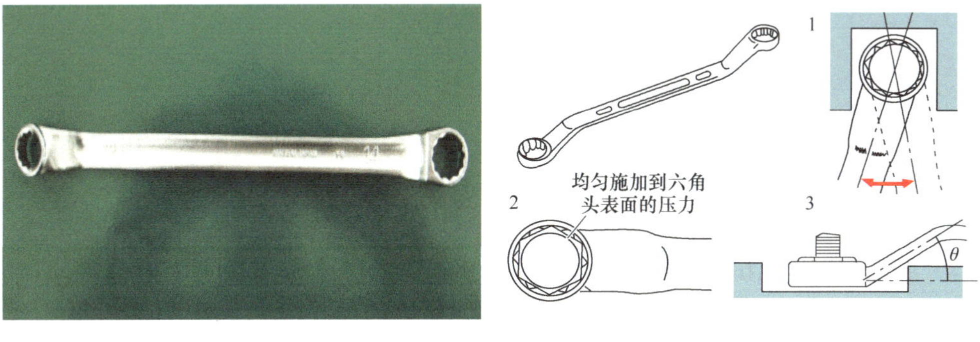

图 1-16　梅花扳手

(6) 呆扳手　呆扳手主要用于不能使用套筒扳手和梅花扳手拆装的螺栓（螺母）。为防止相对的零件转动，可以用两个呆扳手配合使用，如拧松燃油管、调整前轮前束。呆扳手完全包住螺栓（螺母），所以不能施加较大的力矩，不能用于最终的拧紧。不可在呆扳手上套接管子以增加力矩，这样会因力矩过大损坏螺栓（螺母）或呆扳手。呆扳手如图 1-17 所示。

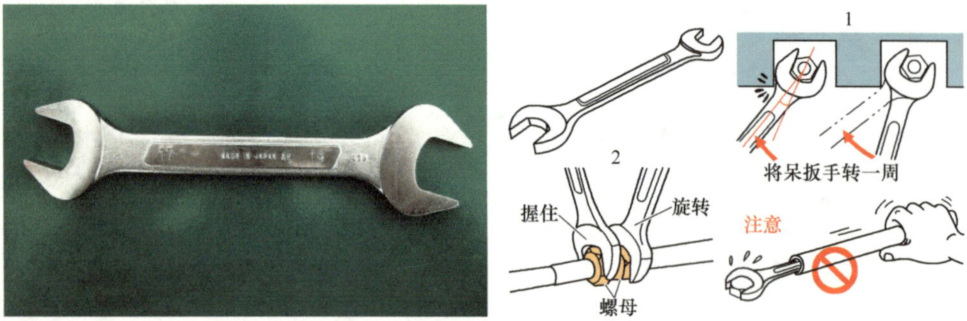

图 1-17　呆扳手

(7) 扭力扳手　扭力扳手有可调式（预制式）和不可调式（指针式）之分，主要用于按规定力矩的最终拧紧。通过旋转扭力扳手的手柄可以获得不同的力矩（有刻度），在扭力扳手的前部有调节旋向的装置。在使用前，调至规定力矩并锁紧，再确认旋向后方可使用；在使用中，要坚持采用拉的姿势，如空间限制无法采用拉的姿势则可用手掌推的姿势，否则有可能造成严重伤害。扭力扳手的旋向调节和锁紧装置的形式根据厂家的不同可能不同。扭力扳手如图 1-18 所示。

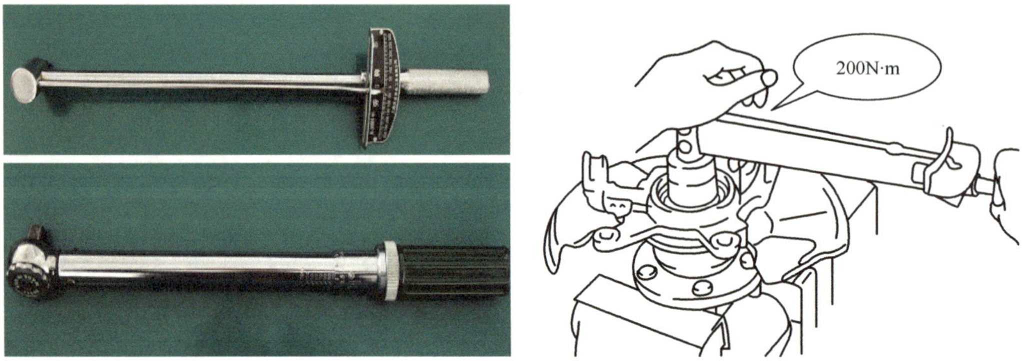

图 1-18　扭力扳手

2. 钳子

(1) 尖嘴钳　尖嘴钳用于在密封的空间里操作或夹紧小零件。在尖嘴钳的颈部还有一组刀口，用于切割细导线或剥掉电线外面的绝缘层。不可在尖嘴钳头部施加大的力，会导致钳口变形。尖嘴钳如图 1-19 所示。

(2) 鲤鱼钳　鲤鱼钳主要用于夹东西，如卡箍等，也可利用刀口剪短导线。通过改变支点的位置，可以调节钳口张开的程度，以实现不同的用途。在夹紧易损件时，需要做好防护，如在外面包裹防护布。鲤鱼钳如图 1-20 所示。

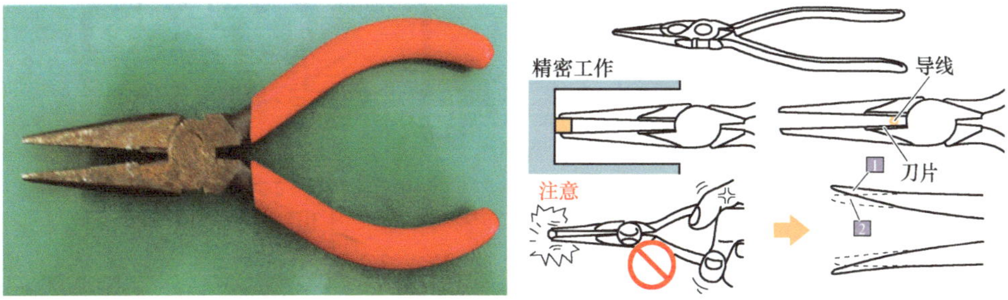

图 1-19　尖嘴钳

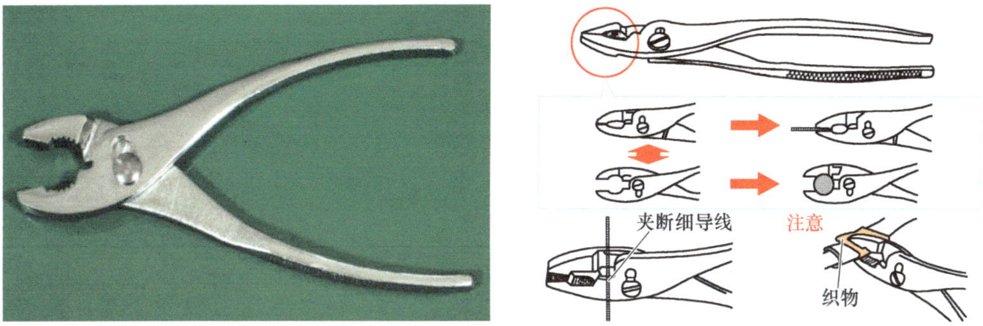

图 1-20　鲤鱼钳

3. 螺丝刀

螺丝刀主要用于拆装螺钉，头部有十字和一字之分。在使用时，要选择与螺钉槽口尺寸相适合的螺丝刀，并要使螺丝刀与螺钉尾端保持直线，边施加压力边转动。螺丝刀如图 1-21 所示。切勿使用其他工具来增加螺丝刀上的力矩，这将导致螺丝刀或螺钉的损坏。虽然普通螺丝刀应用最为广泛，但穿心螺丝刀、短柄螺丝刀、方柄螺丝刀和精密螺丝刀也得到一定的应用。其他类型螺丝刀如图 1-22 所示。

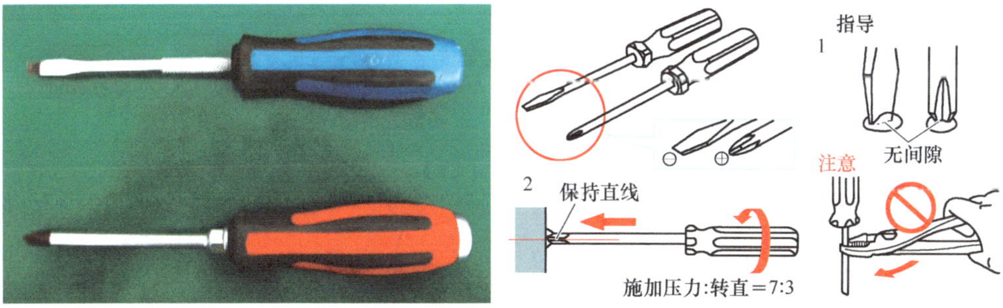

图 1-21　螺丝刀

4. 活扳手

活扳手主要用于尺寸不规则的螺栓（螺母），通过调节螺杆可以改变开口的开度，一个活扳手相当于多个呆扳手。活扳手不能施加大的力矩，在使用时，要调节钳口使之与螺栓（螺母）头部无间隙；要使活动钳口在旋转方向上来转动扳手，否则力矩将施加在调节螺杆上，使其损坏。活扳手如图 1-23 所示。

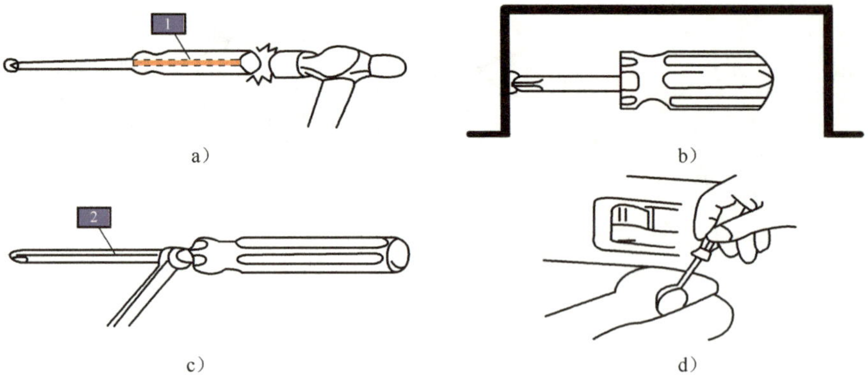

图 1-22 其他类型的螺丝刀

1—双向螺杆 2—可换旋具头

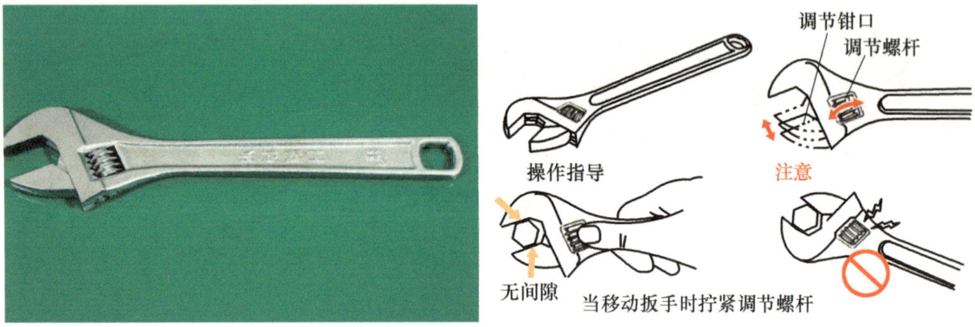

图 1-23 活扳手

5. 锤子

锤子（图 1-24）主要用于敲击以达到拆装零部件的目的，常用的有球头锤、塑料锤和检修锤等。球头锤有铸铁头部，通常用于重力敲击；塑料锤主要用于振动以拆卸零部件，可避免损坏零部件；检修锤主要用于通过敲击的声音和振动来检查连接件是否有松动。

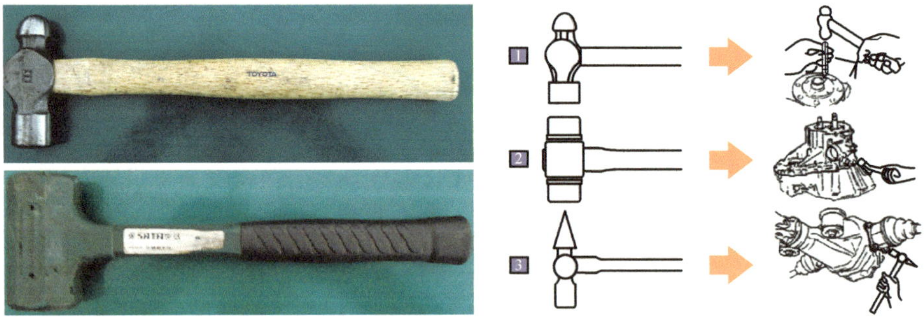

图 1-24 锤子

6. 刮刀

刮刀主要用于清除气缸盖、油底壳等各结合表面的密封胶、积炭等污垢。当使用在易于损坏的表面上时，刮刀应包裹塑料带；切勿把手放在刀片前，作业时需小心，防止受伤。刮刀如图 1-25 所示。

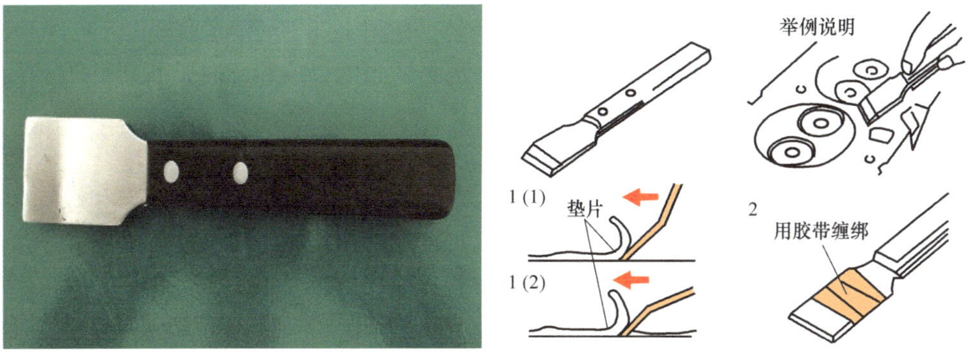

图 1-25　刮刀

二、气动工具使用

气动工具使用压缩空气为动力源，用于实现快速拆装螺栓（螺母），广泛应用于石化行业、电力行业、交通运输业、船舶制造业和冶炼行业等。在汽车维修企业，为了提高生产效率，一般都配有该工具。目前使用比较多的是冲击式气动扳手和棘轮式气动扳手。由于该工具使用的动力源是压缩空气，所以在一些防爆场所特别适用。

1. 冲击式气动扳手

冲击式气动扳手主要用于实现拆卸大力矩的螺栓（螺母），俗称风炮，如图 1-26 所示。该工具的输出力矩和旋转方向可以根据使用对象进行调整。在使用冲击式气动扳手时，请与工具箱内的专用套筒配合使用，专用套筒经过特殊加工，其特点是能防止套筒从传动装置上松脱，同时该套筒为了在较大的冲击载荷下不致损坏，增加了套筒的壁厚，即加强型套筒。冲击式气动扳手的力矩调整和旋转方向按钮的位置和形状因生产厂家的不同而有所差异。

2. 棘轮式气动扳手

棘轮式气动扳手主要用于实现快速拆卸和安装小力矩的螺栓（螺母），如图 1-27 所示。该气动工具可以改变旋向，但不可对力矩进行调整，可以与套筒和加长杆配合使用，在使用时，要确保排风口不要对着螺栓、螺母、小零件或润滑油灯。可以在没有气源的情况下使用，其方法与普通的棘轮扳手一样。

图 1-26　冲击式气动扳手

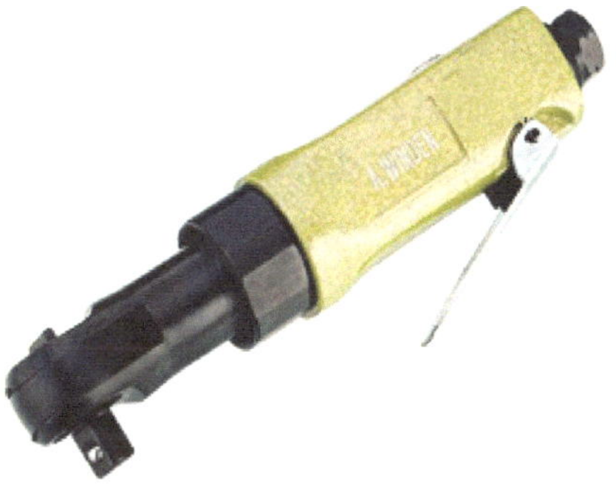

图 1-27　棘轮式气动扳手

3. 冲击式气动扳手的使用注意事项

1）因为是旋转性工具，在使用时请勿戴手套，如图 1-28 所示。

2）在使用前请确认套筒和气源连接牢靠，选择适当的档位和旋向，如图 1-29 所示。

3）选择的气源气压应符合规定。

4）选择的套筒种类和大小应符合要求。

5）要先确认套筒与螺栓、螺母接合良好再开气动扳手，否则会损坏螺母和螺纹。

6）如用于安装螺栓、螺母，先用手拧上，再使用低档位小力矩旋紧。

7）如果从螺栓上完全取下螺母，则旋转力有可能使螺母飞出。

8）在操作时，手要握紧气动扳手，并给予一定的正压力，因为接通气动扳手时会释放比较大的力矩，这将引起振动。

9）定期检查气动扳手，并进行润滑和防锈。

图 1-28 冲击式气动扳手的使用

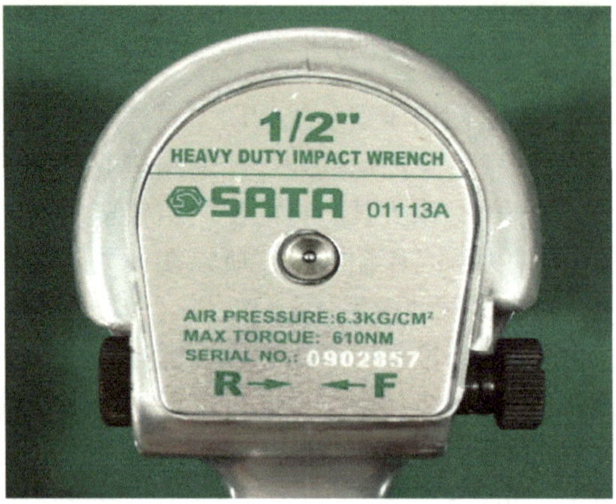

图 1-29 旋向调整

任务实施

1. 练习拧紧力矩

首先使用可调式扭力扳手，将螺栓（螺母）拧紧至 15N · m；然后使用梅花扳手用同样的方式将其拧紧；重复上述步骤，从而体会如何能用梅花扳手将螺栓（螺母）拧紧至与扭力扳手相同的力矩，如图 1-30 所示。

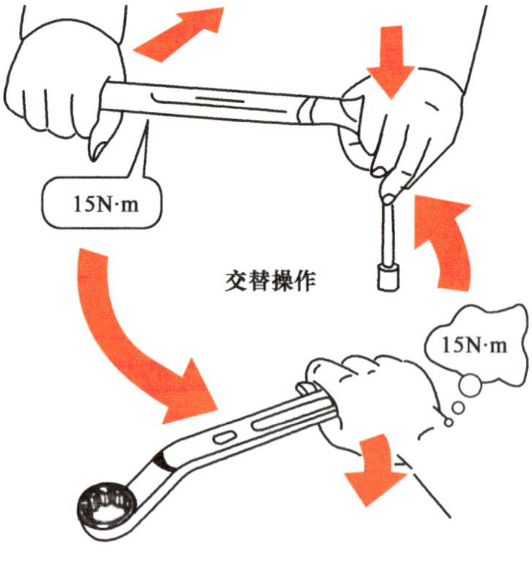

图 1-30 练习拧紧力矩

2. 练习拆装双头螺柱

为了拧紧双头螺柱，在双头螺柱上装上两个螺母，并将其拧紧在一起；然后转动螺母拧紧或拧松双头螺柱，此方法称为“双螺母”。使用“双螺母”方法，练习拆装双头螺柱，如图 1-31 所示。

注意：安装双头螺柱时，按拧紧方向转动上

螺母；拆卸双头螺柱时，按拧紧方向转动下螺母。

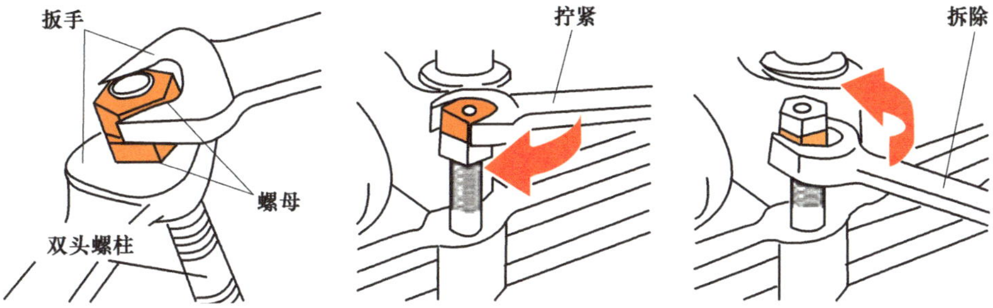

图 1-31 拆装双头螺柱

3. 练习使用气动扳手

练习安装气动扳手，并练习拆装螺母。

检测与评价

1. 练习拧紧力矩

次　　数	凭感觉拧紧	力矩测量结果
1	N·m	N·m
2	N·m	N·m
3	N·m	N·m
4	N·m	N·m
5	N·m	N·m

2. 练习拆装双头螺栓

序　　号	作业内容	完成情况
1	拧紧两个螺母至双头螺柱一端	
2	安装双头螺柱	
3	拆下双头螺柱	
4	拆卸双头螺柱上的两个螺母	

3. 练习使用气动扳手

序　　号	作业内容	完成情况
1	连接气源至气动扳手	
2	检查气动扳手的档位和旋向	
3	使用合适的套筒并安装	
4	使用气动扳手拆卸螺母	
5	取下螺母	
6	用手旋上螺母	
7	使用气动扳手安装螺母	
8	气动扳手清洁、复位	

任务五 举升机的使用

学习目标

1. 知识目标

了解举升机的类型。

2. 技能目标

能够规范使用举升机。

3. 素养目标

1）具备“5S”规范管理意识。

2）具备操作举升机的安全意识。

知识储备

举升机是汽车维修企业必备的设备之一，在车辆作业中发挥着至关重要的作用，无论整车大修，还是小修维护，都离不开举升机。常用的举升机有立柱式和剪式两种。

一、立柱式举升机

立柱式举升机结构如图 1-32 所示，安装比较方便，地面无需挖槽，但对车间高度有一定要求。

图 1-32 立柱式举升机

汽车维修企业很多重大事故是由举升机操作不当导致，因此，使用举升机一定要遵守操作规范，注意事项如下：

1）在上升或下降时，都应在取得同伴同意后才可操作。

2）在上升或下降时，眼睛要注视车辆，观察是否同步，如发现异常，应停止举升或下降，并采取可靠措施，避免车辆意外坠落，切忌东张西望。

3）认真学习和掌握使用说明书中的各项操作安全注意事项并认真执行，严禁超载使用，并特别注意防止偏载。

4）严禁使用带故障的举升机。

二、剪式举升机

图 1-33 剪式举升机

剪式举升机的结构如图 1-33 所示，其使用方法与注意事项与立柱式举升机的基本相同。不同之处在于，举升前放置好垫块，在车辆受力后再次检查垫块的放置；在举升至操作位置后，应锁止并关闭控制面板上的电源开关。

任务实施

一、设备

整车与举升机。

举升机的使用

二、实施步骤

1. 停放车辆	
操作示意图	操 作 方 法
	检查车辆停放位置是否合适，必要时进行调整

2. 预置举升机托臂	
操作示意图	操 作 方 法
	1）调整四个垫块高度一致 2）预置举升机托臂

3. 检查托臂位置

操作示意图	操作方法
	1）稍微举升车辆，使托臂接近车辆底部 2）检查托臂位置 注意：顶起位置对准车辆支撑点

4. 举升车辆

操作示意图	操作方法
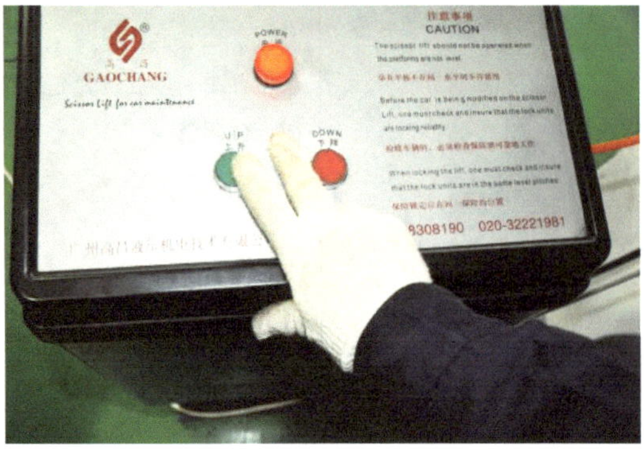	1）举升车辆至车轮刚离地面 2）检查车辆的稳定性（在车前后轻轻晃动车辆） 3）举升至操作位置停止，拉上保险

5. 下降车辆

操作示意图	操作方法
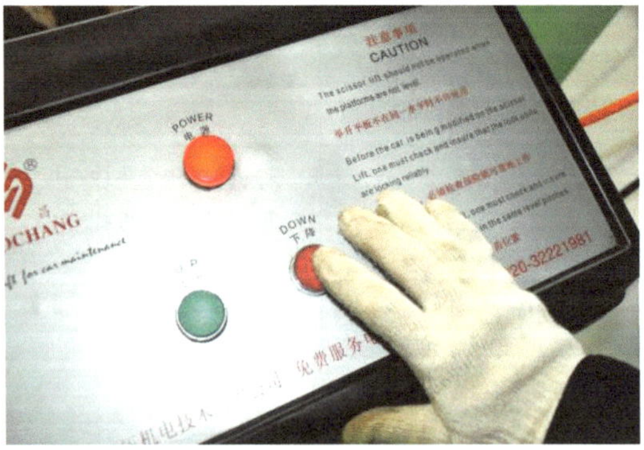	1）稍微举升车辆 2）解除保险 3）将举升机下降至最低点 4）收复举升机托臂

检测与评价

序 号	作业内容	完成情况
1	检查车辆停放位置	
2	调整垫块高度并预放举升机托臂	
3	对准支撑点，放置托臂	
4	复查托臂位置	
5	举升并检查车辆稳定性	
6	举升至操作位置停止并拉上保险	
7	稍微举升车辆，并解除保险	
8	下降车辆至地面，并收复托臂	

项目二

汽车常规维护

项目描述

汽车常规维护知识主要包括汽车走合期维护、汽车日常维护和汽车一级维护三部分内容。日常生活中，车主除了将汽车送到修理厂进行维护，还有一些日常维护。良好的走合期维护和日常维护可以延长汽车的使用寿命及提高车辆的舒适性。学习本项目对初学者及汽车用户都有很大的帮助。

任务一 汽车走合维护

学习目标

1. 知识目标

1）了解新车走合期。

2）掌握现车走合期的注意事项。

3）掌握新车走合期的维护。

4）掌握新车走合期后的维护。

2. 技能目标

能够完成走合期的作业内容。

3. 素养目标

1）具有劳动光荣意识和耐心细致的工作作风。

2）具备“5S”规范管理意识。

知识储备

一、新车初驶须知

新近购买或进行大修的汽车，首先要进行汽车初驶，即新车走合。初驶对汽车日后使用性能的发挥及使用寿命的长短等都有很大的影响，所以，对于新车一定要做好初驶期的维护。

不同品牌的汽车，在其说明书中规定的初驶里程各有不同，但整个初驶期均可分为前、中、后三个阶段，其特点如下。

1. 前期（初驶期的前 200km 左右）

汽车在初驶的前期，各零件加工表面还未经很好的磨合，配合间隙比较紧，润滑也不够正常，零件表面摩擦热量较多、温度较高，零件磨损速度最快，因此，在此阶段车辆应空载低速运行。

2. 中期（大约在初驶期总里程一半以内）

汽车在这个阶段，零件已经开始形成比较光滑的工作表面，摩擦表面的接触情况有所好转，磨损量减少。但切勿以最高车速行驶，车速不能超过最高车速的 3/4；在各档内均应避免发动机高速运转，同时尽可能避免牵引其他车辆。

3. 后期（零件表面的磨合正逐渐完成）

汽车在初驶的后期，摩擦面之间形成一定的储油间隙，润滑条件改善，各零件逐步进入正常的工作阶段，这时可逐渐提高到最高车速或以发动机允许的最高转速行驶。

二、走合期注意事项

1）汽车在走合期内，严禁发动机高速运转以及车辆高速、超负荷行驶。

2）车辆预热达到正常工作温度后再起步，起步时轻踩加速踏板，平稳运行。

3）新轮胎也需要磨合，在第一个 100km 内行驶时应小心驾驶。

4）新的制动器摩擦片也需要磨合，因为在第一个 200km 内行驶时，摩擦片还不具备理想的摩擦状态，可通过加大踏板力进行补偿。

5）磨合期间应注意检查润滑油的状况，并及时进行零件的紧固；注意倾听车辆运行声音是否有明显变化；注意仪表指示状况，保持车辆处于良好的工作状态。

6）走合期结束后，应及时到汽车制造厂授权的特约维修站进行走合期维护。

任务实施

一、设备

整车及车辆举升机一台。

二、工具

润滑油、齿轮油、机油滤清器一只，空气滤清器滤芯一只。

三、实施步骤

1. 发动机部位的主要维护项目

操作示意图	操 作 方 法
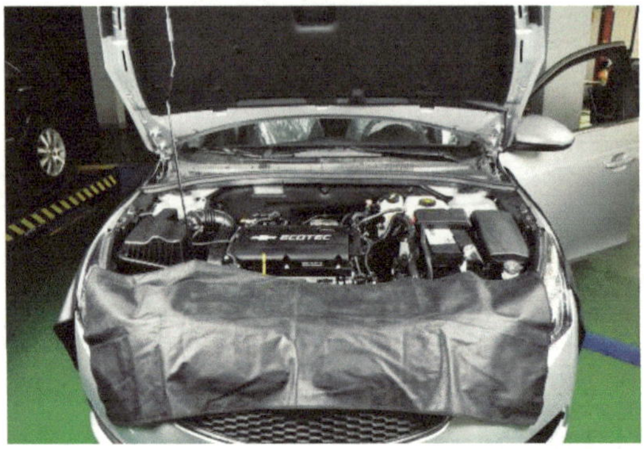	发动机及发动机舱内部件的紧固
	1）检查发动机上部和下部是否有润滑油渗漏 2）润滑油和机油滤清器的更换
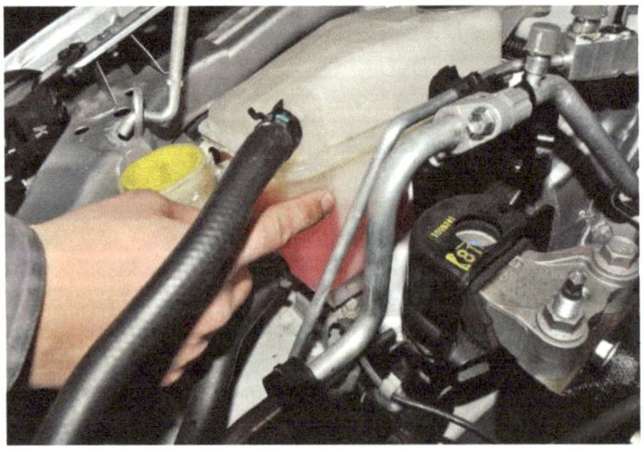	冷却液液面高度及渗漏情况的检查

操作示意图	操 作 方 法
	水泵风扇及发动机传动带松紧度的检查和调整
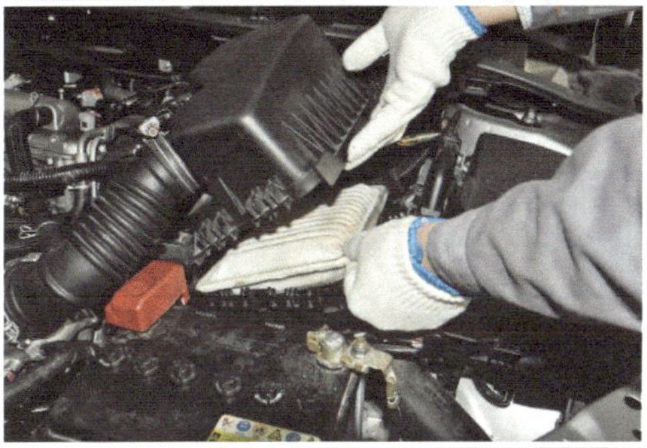	空气滤清器滤芯的更换

2. 底盘、车身和电气等部位的主要维护项目

操作示意图	操 作 方 法
	检查变速器、驱动桥、减振器和转向机等处是否有油液渗漏
	紧固底盘连接螺栓及排气管连接螺栓

操作示意图	操 作 方 法
	更换变速器、驱动桥齿轮油液
	检查与调整离合器踏板、制动踏板自由行程
	检查车辆前后悬架工作状况

操作示意图	操 作 方 法
	检查制动液液面高度及制动管路渗漏状况
	检查转向系统工作状况
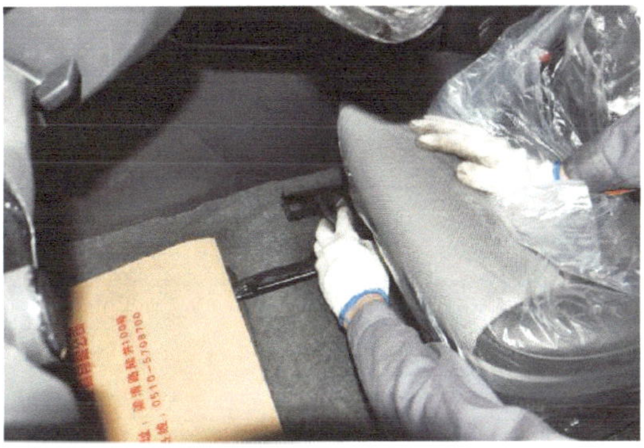	检查车门和座椅等部位的工作状况并紧固
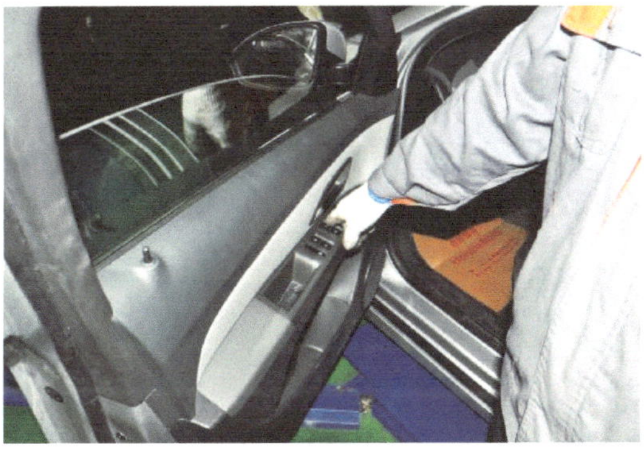	检查各电气设备工作状况是否正常

检测与评价

序 号	作业内容	完成情况
1	发动机及发动机舱内部件的紧固	
2	检查发动机上部和下部是否有润滑油渗漏	
3	润滑油和机油滤清器的更换	
4	冷却液液面高度及渗漏情况的检查	
5	水泵风扇及发动机传动带松紧度的检查和调整	
6	空气滤清器的更换	
7	检查变速器、驱动桥、减振器和转向机等处是否有油液渗漏	
8	紧固底盘连接螺栓及排气管连接螺栓	
9	更换变速器油、驱动桥齿轮油液	
10	检查调整离合器踏板、制动踏板自由行程	
11	检查车辆前后悬架工作状况	
12	检查制动液液面高度及制动管路渗漏状况	
13	检查转向系统工作状况	
14	检查车门和座椅等部位的工作状况并紧固	
15	检查各电气设备工作状况是否正常	

任务二 汽车日常维护

学习目标

1. 知识目标

1）掌握汽车日常维护的主要内容。

2）掌握出车前的检查项目。

3）掌握行车中的检查项目。

4）掌握收车后的检查项目。

2. 技能目标

能够完成汽车日常维护的主要作业项目。

3. 素养目标

1）具备劳动光荣意识和工匠精神。

2）具有科学探索精神和创新意识。

3）具备“5S”规范管理意识。

知识储备

日常维护是汽车正常行驶的保障和基础，日常维护质量的好坏，直接影响汽车性能的发挥和行车的安全。为了解决汽车的技术问题，保持汽车的良好性能，有效地杜绝事故的发生，保证行车安全，汽车在使用过程中，驾驶人应做好日常维护。

日常维护主要内容可以概括为“三查”“四防”“五洁”。“三查”，即出车前、行车中、收车后检查汽车的安全机构及各部机件连接的紧固情况；“四防”，即防止漏水、漏油、漏电和漏气；“五洁”，即保持润滑油、空气、燃油滤清器、蓄电池及全车的整洁。日常维护通常是驾驶人自己完成的，如果发现车辆有异常现象应及时送修理站维修。

一、出车前的检查

该阶段的预热操作对汽车的使用寿命影响较大，发动机在未达到正常工作温度时，由于润滑油的黏度较大，起动瞬间润滑油不能及时达到相对运动表面，运动表面之间介于液体摩擦和干摩擦之间，没有形成良好的润滑油膜，此时发动机相对运动零件之间的摩擦量较大。因此，要求发动机以快怠速实现快速预热，缩短发动机低温工作时间，从而减少起动、预热期间的磨损量。

二、行车中的检查

车辆在运行中，注意观察仪表盘的仪表和警告灯的指示状况，确保车辆处于良好的运行状态；注意道路情况，根据不同的环境条件选用不同的驾驶模式；驾驶过程中必须做到不超速、不超载、不疲劳驾驶，将安全行驶放在首位。

三、收车后的检查

车辆收车后，要选择适当的停靠位置，关闭车上所有的用电设备；根据行驶中检查到的车辆状况，检查、紧固主要连接部件，再次确认无漏油、漏水、漏气或漏电等状况，并对车辆存在的问题及时调整或维修；补充燃料、玻璃清洗剂和制动液等，整理好物品，锁好车门，启用车辆防盗系统，然后离开车辆。

任务实施

一、设备

整车一辆。

二、工具

随车工具一套、汽车常用的工作油液各一桶（润滑油、冷却液、洗涤液和制动液等）。

三、实施步骤

（一）出车前的检查

<table>
<tr><td colspan="2">1. 驾驶室外检查</td></tr>
<tr><th>操作示意图</th><th>操 作 方 法</th></tr>
<tr><td></td><td>上车之前，围绕车辆巡视一周，目测检查车辆轮胎的气压、车身有无损伤，外部件有无遗失，风窗玻璃刮水片是否完好，并注意地面有无漏油和漏水等痕迹</td></tr>
<tr><td></td><td>打开车门，拉起发动机舱盖手柄，将发动机舱盖支起</td></tr>
<tr><td colspan="2">2. 发动机舱内情况的检查</td></tr>
<tr><th>操作示意图</th><th>操 作 方 法</th></tr>
<tr><td></td><td>检查发动机润滑油液面的高度和质量</td></tr>
</table>

操作示意图	操 作 方 法
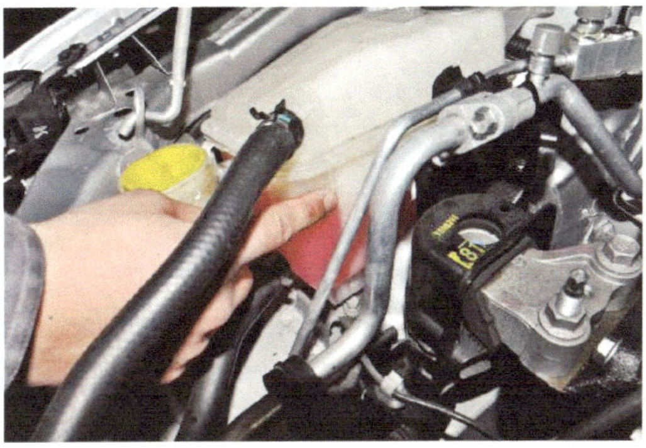	目测冷却液系统膨胀水箱内冷却液的液面高度和玻璃清洗桶液面的高度，必要时进行添加作业
	检查制动液液面高度，液面应在规定的上下标线之间
	观察动力转向储液罐液面高度，液位应该在规定的上下标线之间
	观察其他装置有无异常，并将发动机舱盖放下

3. 驾驶室内检查

操作示意图	操 作 方 法
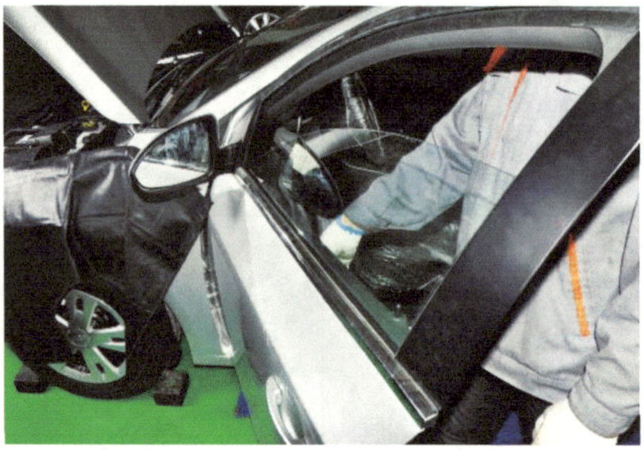	进入驾驶室，应首先检查门锁能否锁住，防止车辆行驶中自动打开
	初步检查转向盘、行车制动踏板、驻车制动器、变速操纵装置的工作状况，确保车辆处于安全的工作状况
	拉上驻车制动器，将变速杆置于空档位置

4. 发动机的起动

操作示意图	操 作 方 法
	将点火开关置于 ON 位置，观察仪表盘上指示灯的工作情况，此时控制系统进入自检状态，稍等 2～3s 后，除机油压力过低指示灯、充电指示灯、驻车制动器指示灯和安全带约束提示装置之外的指示灯熄灭，自检过程完毕
	轻踩加速踏板起动车辆，让发动机以 1500r/min 的转速预热，同时观察除驻车制动器指示灯和安全带约束提示装置之外的其他警告灯是否熄灭

5. 发动机的预热

操作示意图	操 作 方 法
	1）发动机预热运行过程中，观察燃油表、冷却液温度表和润滑油压力表等仪表工作是否正常 2）发动机预热运行期间，注意倾听发动机有无异响

<table>
<tr><th>操作示意图</th><th>操 作 方 法</th></tr>
<tr><td></td><td>1）预热 3min 后，下车观察发动机排气颜色（无色或清色的废气表明发动机工作正常，黑色的排气表明发动机燃烧不良），并再次确认有无漏水、漏气和漏油等现象
2）发动机达到正常温度后，若运行车辆，起步前必须将安全带系上，才能起步行驶</td></tr>
</table>

（二）行车中的检查

<table>
<tr><td colspan="2">1. 车辆起步</td></tr>
<tr><th>操作示意图</th><th>操作方法</th></tr>
<tr><td></td><td>手动变速器式：将离合器踏板踩到底，然后挂上最低档，轻踩加速踏板的同时，慢松离合器踏板，释放驻车制动器，车辆平稳起步</td></tr>
<tr><td>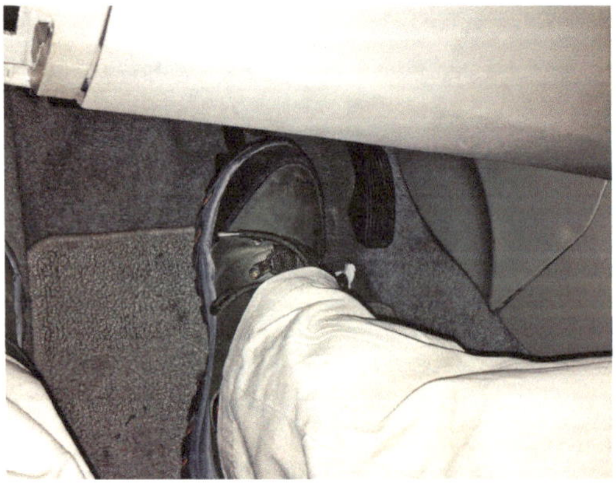</td><td>自动变速器式：右脚踩住制动踏板，将变速杆从 P 位置于 D 位（或 R 位）后，将右脚从制动踏板移到加速踏板上去，释放驻车制动器，轻踩加速踏板，使车辆平稳起步</td></tr>
</table>

<table>
<tr><td colspan="2">2. 车辆运行中</td></tr>
<tr><th>操作示意图</th><th>操 作 方 法</th></tr>
<tr><td></td><td>注意仪表盘上冷却液温度表和燃油表的指示状况，发动机转速表和车速表的指示状况，不要超速行驶</td></tr>
<tr><td></td><td>注意观察有无警告灯点亮，如充电指示灯、润滑油压力过低指示灯、冷却液温度过高指示灯和制动系统故障指示灯等</td></tr>
<tr><td>
</td><td>1）车辆行驶中注意倾听发动机和底盘等部位是否有异响
2）注意车内是否有烧焦等异常味道，如制动片摩擦过热发出的味道或充电电流过大时硫酸蒸发发出的味道等</td></tr>
</table>

操作示意图	操 作 方 法
	连续驾驶时间不超过3h，中途休息时一定下车检查四轮状况，如有无轮胎外表损伤，气压是否正常，轮胎螺母与半轴螺母是否松动或遗失，制动轮毂与轮胎的温度是否正常，有无漏水、漏油和漏气等现象

3. 特殊路段的驾驶

操作示意图	操 作 方 法
	对于手动变速器，在雪地等特殊路段行驶时，采用二档起步，轻踩加速踏板运行，避免行驶中紧急制动，严禁车辆空档滑行
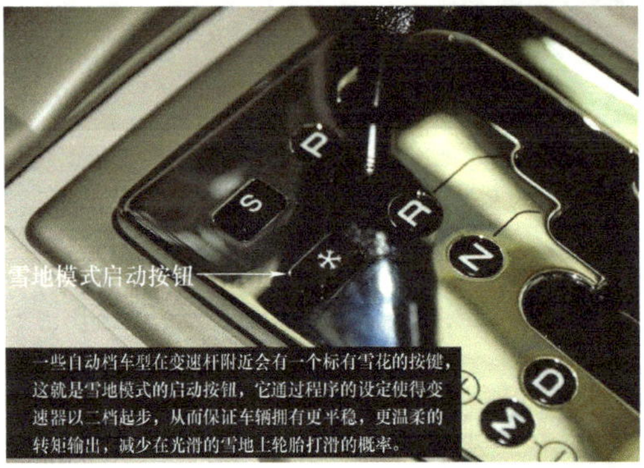	对于自动变速器，根据道路情况选用经济模式、动力模式或雪地模式等，最大限度地确保行车安全
	车辆涉水后进入无水路段时，行驶中应当适当轻踩制动踏板，使制动片与制动鼓摩擦产生热量，及时蒸发掉制动器内的水分，确保车辆恢复良好的制动效果

操作示意图	操 作 方 法
	山区行驶的车辆在下长坡之前，应注意在坡顶试一试制动系统，确认制动系统的技术状况良好，以防制动失效而发生危险

（三）收车后的检查

1. 车辆停放位置的选择

收车后的检查与维护

操作示意图	操 作 方 法
	车辆应停于道路右侧或指定地点，停车前先打转向灯，示意后方车辆和附近行人注意，然后缓慢靠向停靠点，轻踩制动踏板，使车辆停到指定位置，拉紧驻车制动器后熄火
 图中的这位驾驶人虽然把车停到了路边，也摆放了三角警示牌，但他只把警示牌放在了弯道口，并且自己还在行车道内打电话，这样做是非常危险的。	避免在规定不准停靠的地点停车，如消防通道、没有标出停车位且车流量较大的公路两侧

操作示意图	操 作 方 法
	夏季尽量选择阴凉处停放，勿使车辆直接暴晒于烈日下；严寒时停车应尽量避免车头迎风并注意保温

2. 车辆收车后的检查与维护

操作示意图	操 作 方 法
	1）检查车辆重要部位的连接零件，必要时予以紧固 2）检查各部位有无异常情况，发动机和底盘等处是否出现漏气、漏油、漏水和漏电现象
	清除轮胎胎冠上嵌入的杂物，检查轮胎气压，必要时进行轮胎气压的调整

操作示意图	操 作 方 法
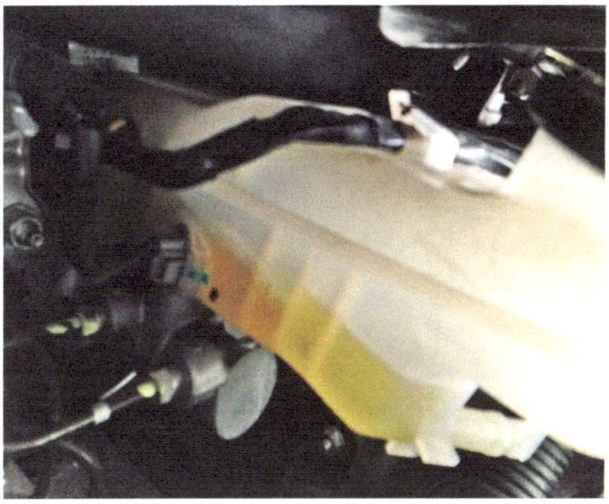	检查制动液、玻璃清洗液液面高度，必要时予以添加；润滑油数量、冷却液液面高度不予检查
3. 车辆的停放	
操作示意图	操 作 方 法
	清洗前风窗玻璃，注意不要用硬物刮玻璃上的污物，以免损伤玻璃
	清洁驾驶室内部，把驾驶室内的物品放好，防止物品外露

操作示意图	操 作 方 法
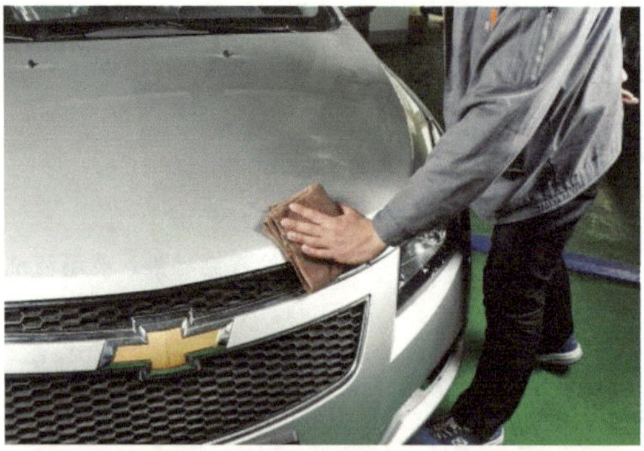	清洁车辆外部，保持良好的车容车貌
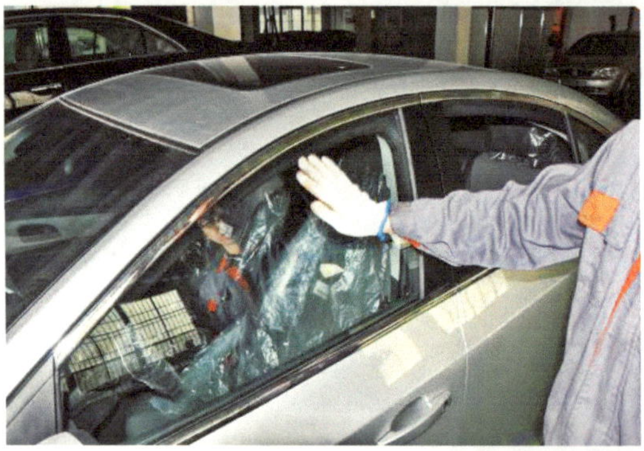	离开车辆前，检查车辆全部车门的车门玻璃是否已经升到关闭位置、天窗是否关闭
	锁好车门并启用防盗系统，离开前再次确认车门已锁好，观察防盗系统是否已启用，防盗系统工作指示灯应开始闪烁

检测与评价

（一）出车前的检查

序　号	作 业 内 容	完 成 情 况
1	上车之前，围绕车辆巡视一周，目测检查车辆轮胎的气压、车身有无损伤、外部件有无遗失、风窗玻璃刮水片是否完好，并注意地面有无漏油和漏水等痕迹	
2	打开车门，拉起发动机舱盖手柄，将发动机舱盖支起	
3	检查发动机润滑油液面的高度和质量	

（续）

序　　号	作 业 内 容	完 成 情 况
4	目测冷却液系统膨胀水箱内冷却液的液面高度和玻璃清洗桶液面高度，必要时进行添加作业	
5	检查制动液液面高度，液面应在规定的上下标线之间	
6	观察动力转向储液罐液面高度，液位应该在规定的上下标线之间	
7	观察其他装置有无异常，并将发动机舱盖放下	
8	进入驾驶室，应首先检查门锁能否锁住，防止车辆行驶中自动打开	
9	初步检查转向盘、行车制动踏板、驻车制动器、变速操纵装置的工作状况，确保车辆处于安全的工作状况	
10	拉上驻车制动器，将变速杆置于空档位置	
11	将点火开关置于 ON 位置，观察仪表盘上指示灯的工作情况，此时控制电脑进入自检状态，稍等 2~3s 后，除机油压力过低指示灯、充电指示灯、驻车制动器指示灯和安全带约束提示装置等之外的指示灯熄灭，自检过程完毕	
12	轻踩加速踏板，起动车辆，让发动机以 1500r/min 的转速预热，同时观察除驻车制动器指示灯和安全带约束提示装置之外的其他警告灯是否熄灭	
13	发动机预热运行过程中，观察燃油表、冷却液温度表和机油压力表等仪表工作是否正常	
14	发动机预热运行期间，注意倾听发动机有无异响	
15	预热 3min 后，下车观察发动机排气颜色（无色或清色的废气表明发动机工作正常，黑色的排气表明发动机燃烧不良），并再次确认有无漏水、漏气和漏油等现象	
16	发动机达到正常温度后，若运行车辆，起步前必须将安全带系上	

（二）行车中的检查

序　　号	作 业 内 容	完 成 情 况
1	手动变速器：将离合器踏板踩到底，然后挂上最低档，轻踩加速踏板的同时，慢松离合器踏板，释放驻车制动器，车辆平稳起步	
2	自动变速器：右脚踩住制动踏板，将变速杆从 P 位置于 D 位（或 R 位）后，将右脚从制动踏板移到加速踏板上去，释放驻车制动器，轻踩加速踏板，使车辆平稳起步	
3	注意仪表盘上冷却液温度表和燃油表的指示状况，发动机转速表和车速表的指示状况，不要超速行驶	
4	注意观察有无警告灯点亮，如充电指示灯、机油压力过低指示灯、冷却液温度过高指示灯和制动系统故障指示灯等	
5	车辆行驶中注意倾听发动机和底盘等部位是否有异响	
6	注意车内是否有焦糊等异常味道，如制动片摩擦过热味道或充电电流过大时硫酸蒸发的味道等	

（续）

序　号	作业内容	完成情况
7	连续驾驶时间不超过3h，中途休息时一定下车检查轮胎的状况，有无轮胎外表损伤，气压是否正常，轮胎螺母、半轴螺母是否松动或遗失，制动轮毂、轮胎的温度是否正常，有无漏水、漏油和漏气等现象	
8	对于手动变速器，在雪地等特殊路段行驶时，采用二档起步，轻踩加速踏板，避免行驶中紧急制动，严禁车辆空档滑行	
9	对于自动变速器，根据道路情况选用经济模式、动力模式或雪地模式等，最大限度地确保行车安全	
10	车辆涉水后进入无水路段时，行驶中应当适当轻踩制动踏板，使制动片与制动鼓摩擦产生热量，及时蒸发掉制动器内的水分，确保恢复良好的制动效果	
11	山区行驶的车辆在下长坡之前，应注意在坡顶试一试制动系统，确认制动系统的技术状况良好，以防制动失效而发生危险	

（三）收车后的检查

序　号	作业内容	完成情况
1	车辆应停于道路右侧或指定地点，停车前先打转向灯，示意后方车辆和附近行人注意，然后缓慢靠向停靠点，轻踩制动踏板，使车辆停到指定位置，拉紧驻车制动器后熄火	
2	避免在规定不准停靠的地点停车，如消防通道、没有标出停车位且车流量较大的公路两侧	
3	夏季尽量选择阴凉处停放，勿使车辆直接暴晒于烈日下；严寒时停车应尽量避免车头迎风并注意保温	
4	检查车辆重要部位的连接零件，必要时予以紧固	
5	检查各部位有无异常情况，发动机和底盘等处是否出现漏气、漏油、漏水和漏电现象	
6	清除轮胎胎冠上嵌入的杂物，检查轮胎气压，必要时进行轮胎气压的调整	
7	检查制动液、玻璃清洗液液面高度，必要时予以添加；润滑油数量、冷却液液面高度不予检查	
8	清洗前风窗玻璃，注意不要用硬物刮玻璃上的污物，以免损伤玻璃	
9	清洁驾驶室内部，把驾驶室内的物品放好，防止物品外露	
10	清洁车辆外部，保持良好的车容车貌	
11	离开车辆前，检查车辆全部车门的车门玻璃是否已经升到关闭位置、天窗是否关闭	
12	锁好车门并启用防盗系统，离开前再次确认车门已锁好，观察防盗系统是否已启用，防盗系统工作指示灯开始闪烁	

任务三 汽车一级维护

学习目标

1. 知识目标

1）掌握一级维护周期与作业项目。

2）掌握一级维护工艺流程与竣工标准。

2. 技能目标

能够正确地进行一级维护作业。

3. 素养目标

1）具有劳动意识和工匠精神。

2）具备耐心、细致、一丝不苟的工作作风。

3）具备“5S”规范管理意识。

知识储备

一、一级维护周期与作业项目

一级维护主要由专业维修企业负责执行，是在汽车行驶达到一定里程后强制执行的。一级维护的时机一般按汽车生产厂家推荐或规定的行驶里程或使用时间进行。一级维护的间隔里程为10000~15000km 或 30 日，以行驶里程或使用时间先达到为准，主要内容除日常维护以外，以清洁、润滑、紧固、补给为主，并检查有关制动、操纵等安全部件，保持车辆能正常运行。作业主要内容是：检查、紧固汽车外露部件松动的螺钉和螺母，按规定对润滑部位加注润滑脂，检查总成内润滑油面，添加润滑油，清洗空气、燃油、空调花粉过滤器。

二、一级维护工艺流程

一级维护工艺流程如图 2-1 所示。

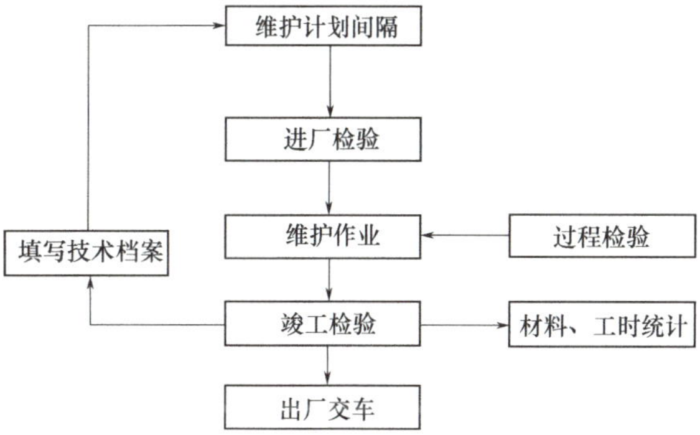

图 2-1 一级维护工艺流程图

三、一级维护竣工标准

1）发动机进排气歧管、散热器、轮胎、传动轴、半轴和防护装置等外露螺栓、螺母需齐全、紧固、无裂纹。

2）转向臂、转向拉杆和制动操纵机构等工作可靠，锁销齐全有效，转向杆球头、转向传动十字轴承和传动轴十字轴承无松旷。

3）转向器、变速器和驱动桥的润滑油面，应在检视口下沿 0~15mm（车辆处于停驶状态），通风孔应畅通；变速器、减振器凸缘螺母紧固可靠。

4）各润滑油脂喷嘴齐全有效、安装位置正确；所有润滑点均已润滑、无遗漏。

5）空气滤清器滤芯清洁有效。

6）轮胎气压应符合充气规定，胎面无嵌石及其他硬物，车轮轮毂轴承无松旷。

7）灯光、仪表、喇叭、信号齐全有效。

8）蓄电池电解液液面应高出极板 10~15mm，通风孔畅通，接头牢固。

短途试车，检查维护效果。试车中，发动机、底盘运行正常，无异响；各操纵部位符合技术要求；转向、制动系统灵敏可靠；各部件紧固无松动；试车后，检视各部位无漏水、漏油、漏气和漏电现象。

项目三

汽车二级维护

项目描述

汽车二级维护主要包括汽车二级维护前的检测工作、发动机二级维护、底盘二级维护、电器及仪表二级维护及二级维护竣工检验等知识。通过二级维护前的检测工作确定车辆二级维护的内容及附加作业项目，对发动机、底盘、电器及仪表进行二级维护后能提高车辆的使用性能并有效消除车辆存在的隐患，最后根据要求对车辆进行竣工验收，从而提高顾客满意度及避免不必要的维修纠纷。

任务一　汽车二级维护前的检测

学习目标

1. 知识目标

熟悉汽车二级维护的检测设备。

2. 技能目标

1）会正确使用二级维护的检测设备。

2）能够确定二级维护的附加作业项目。

3. 素养目标

1）具备“5S”规范管理意识。

2）具备与客户进行良好沟通的能力。

3）具有良好的团队协作意识。

知识储备

一、汽车二级维护前检测

汽车经过一段时间的行驶，车上的许多零部件会产生磨损或变形，既影响汽车的经济性能，也影响汽车的安全性能。这时，就应该对车辆进行二级维护。二级维护除执行一级维护的内容外，以检查、调整为主。二级维护前应进行进厂检测，依据进厂检测结果进行故障诊断并确定附加作业项目。二级维护作业过程中发现的维修项目也应作为附加作业项目。二级维护前的技术评定应由专业汽车维修人员执行，汽车技术状况评定的方法如下。

1）了解汽车的使用情况，向驾驶人询问车辆的使用情况。

2）查阅、参考汽车技术档案的相关内容。

3）分析汽车检测和人工检查结果，确定故障。

二、汽车二级维护前检测项目和仪器设备

1. 检测项目

根据 GB/T 18344—2016《汽车维护、检测、诊断技术规范》的规定，汽车二级维护进厂检测项目见下表。

二级维护进厂检测项目

序　号	检测项目	检测内容	技术要求
1	故障诊断	车载诊断系统（OBD）的故障信息	装有车载诊断系统（OBD）的车辆，不应有故障信息
2	行车制动性能	检查行车制动性能	采用台架检验或路试检验，应符合 GB 7258 相关规定
3	排放	排放污染物	汽油车采用双怠速法，应符合 GB 18285 相关规定。柴油车采用自由加速法，应符合 GB 3847 相关规定

该规范适用于所有在用车，对二级维护前的检测要求：一是更具有原则性，二是汽车技术的发展和环保、安全等方面的要求，对维护检测项目进行了优化和完善，突出了维护检测以安全和排放为重点的要求。

汽车二级维护前的检测项目按检测目的和范围可理解并归纳为以下 7 个方面：

（1）发动机动力性能检测　确保发动机的动力性能达到良好的技术状态是汽车维护的重要内容。在二级维护前，通过不解体检测“发动机功率”和“气缸压力”等技术参数，主要判断气缸密封性、磨损状况以及发动机工作性能，确定是否需要对影响发动机动力性的有关工作部件进行检修或更换、是否需要对发动机进行解体维护以及是否需要总成大修。

（2）排放净化性能检测　汽车排放污染物是大气污染的主要污染源之一，确保汽车排放净化性能满足国家环保的要求是汽车维修业义不容辞的责任。在二级维护前，通过对汽车排放污染物的检测，掌握汽车排放净化性能是否符合有关标准，判断发动机工作状况和三元催化转化器等排放净化装置的技术状况，以确定对发动机和排放净化装置的维护作业项目。

（3）电控燃油喷射系统检测 随着汽车技术的发展和环保要求的不断提高，采用电控燃油喷射系统的发动机在现代汽车上得到了广泛的应用。电控燃油喷射发动机结构复杂，在实际工作中以不解体检测判断电控燃油喷射系统工作性能，一般主要有两方面的要求：一是通过对故障自诊断系统中故障信息存储（故障码）的查询和电控燃油喷射系统各部件的相关工作参数（数据流）来判断其工作状况，确定传感器或执行元件是否需要检修；二是通过检测燃油喷射系统的工作压力，确定燃油泵、燃油压力调节器、喷油器和燃油管理等是否完好、工作是否正常以及是否需要拆检、清洗或更换。

（4）柴油机工作性能检测 柴油发动机目前在国内主要配置在货车和大客车上，在国外，轿车上配置柴油发动机已呈一定的发展趋势，标准强调了对柴油车工作性能检测的要求。要求在二级维护前，通过对柴油机供油提前角、供油间隔角和喷油泵供油压力的检测，判断柴油机供油系统的工作状况，确定是否需要对喷油泵进行拆卸维护和调试、输油泵是否需要拆检以及喷油器是否需要拆洗并检测喷油雾化状况。

（5）安全性能检测 安全性能检测包括制动性能检测和前照灯检测。

1）制动性能检测。在汽车二级维护时，为保证制动性能，需要对制动器进行拆检，这是在新的不解体为主导的维护技术规范中，特别强调要解体作业的内容。但对于制动系统（气压控制或液压控制系统）的技术状况，必须通过制动力、制动力平衡和制动协调时间等制动性能参数的检测来予以判断，以确定是否需要拆检维护有关部件，如液压控制系统的制动主缸、制动轮缸、制动助力器，气压控制系统的空气压缩机、制动阀、制动气室等，从而保证汽车的制动性能。

2）前照灯检测。通过对汽车前照灯的发光强度和光轴照射位置的检测，确定是否需要进行灯光调整或部件更换，以保证行驶安全性。

（6）操纵和行驶系统检测 操纵和行驶系统检测包括前轮定位角的检测、转向盘自由转动量的检测、车轮动不平衡的检测和操纵稳定性的路试。

1）通过对前轮定位角的检测，判断汽车前轴和传动杆系是否变形、是否需要校正以及主销衬套或转向节等是否损坏需要更换。

2）通过对转向盘自由转动量的检测，判断转向器和转向轴的技术状况，确定是否需要进行转向器总成的拆检。

3）通过对车轮动不平衡的检测和调试，找到其动不平衡产生的原因，确定车轮检修方案，确保不会因车辆不平衡质量在旋转时引起车轮的振动和摇摆，影响汽车的操纵性能，加剧轮胎的磨损。

4）通过对操纵稳定性的路试，观察行驶时有无跑偏、转向盘发抖或摆头等现象，确定是否需要进行操纵系统拆检。

（7）底盘传动系统技术状况检测 检查离合器、变速器、传动轴和后桥主减速器、差速器等的技术状况，检视有无渗漏、异响、连接松脱和裂纹等，齿轮油有无过热现象，判断各总成工作是否良好，确定是否需要调整或进行总成拆修。

2. 汽车二级维护常用的检测设备与仪器

（1）发动机综合测试仪（图 3-1） 发动机综合测试仪可以测量起动电流、起动电压、气缸压力、点火提前角、分电器重叠角、触点的闭合角、点火电压、无负荷功率、单缸功率平衡、发动机转速、配气相位以及点火波形的动态观测。

（2）无负荷测功仪 测量发动机无负荷功率及转速，图 3-2 所示为便携式无负荷测功仪。

图 3-1 发动机综合测试仪

图 3-2 便携式无负荷测功仪

（3）发动机电气性能测试仪（图 3-3） 测量发动机转速、点火电压、点火功能、触点动态间隙、直流电压、蓄电池容量及电容器电容。

（4）汽车排放调整分析仪（图 3-4） 测定发动机废气排放中的氧含量，间接分析 CO、HC 的浓度。

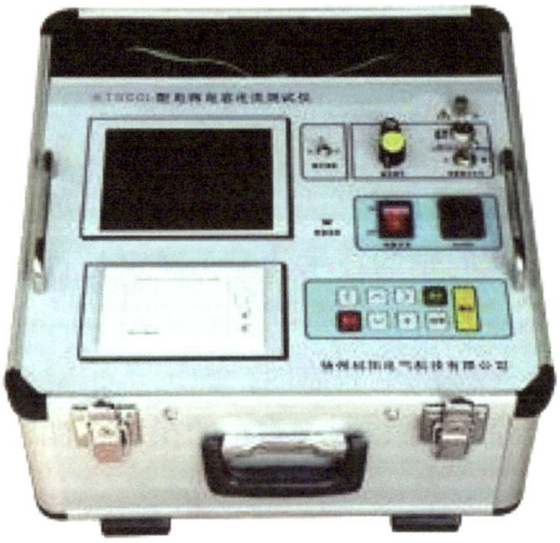

图 3-3 发动机电气性能测试仪

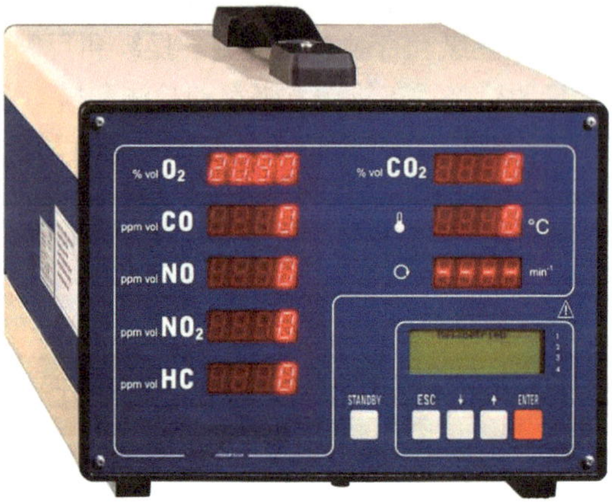

图 3-4 汽车排放调整分析仪

（5）曲轴箱窜气测量仪（图 3-5） 测量发动机曲轴箱窜气量，判断气缸活塞总成的技术状况。

（6）汽车制动特性测试仪（图 3-6） 测量制动减速度、制动距离。

（7）润滑油质分析仪（图 3-7） 测定各种污染物对润滑油介电常数的总效应，判断润滑油的污染程度以确定是否换油。

（8）气缸漏气检测仪（图 3-8） 诊断发动机气缸及气门的密封状况。

图 3-5 曲轴箱窜气测量仪

图 3-6 汽车制动特性测试仪

图 3-7 润滑油质分析仪

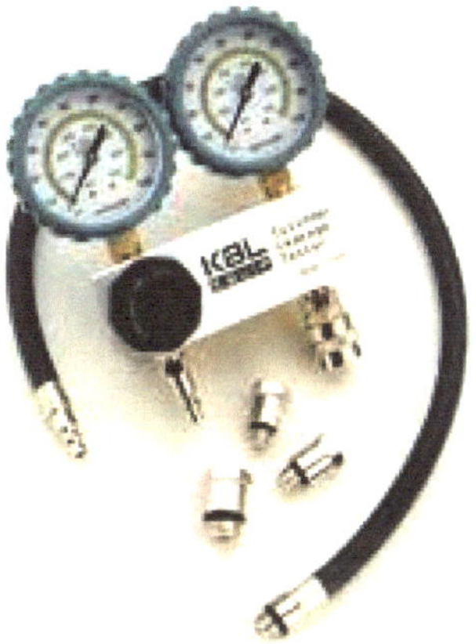

图 3-8 气缸漏气检测仪

（9）汽车发动机检测专用真空表（图 3-9） 测量进气歧管的真空度。

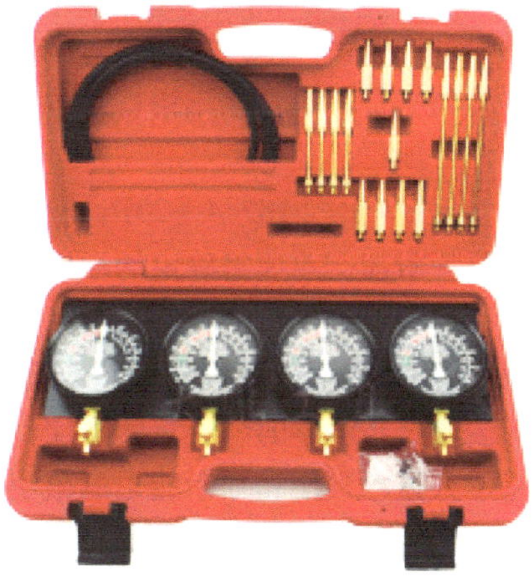

图 3-9 汽车发动机检测专用真空表

三、汽车二级维护前的检测与诊断的要求

1. 总体要求

汽车维护检测项目包括性能参数的检测、系统工作状态参数的检测以及系统工作状况的检查，还有一些总成、部件的一般检视。对不同的检测项目有不同的要求，根据 GB/T 18344—2016《汽车维护、检测、诊断技术规范》中的 5.3.1 和 5.3.2 对汽车二级维护检测诊断在总体上提出了以下两方面的要求。

1）“二级维护检测使用的仪器设备应符合相关国家标准和行业标准的规定。计量器具及设备应计量检定或校准合格并在有效期内”。这主要是针对汽车性能技术参数的检测要求，如发动机功率、气缸压力、车轮定位角和车轮动平衡等。该要求一方面强调了一定要用仪器或设备进行检测，另一方面强调要合理选择使用符合技术要求的专用检测仪器，保证检测数据的准确性。

随着电子控制技术在汽车上的迅速普及，现代汽车的结构日益复杂化，加之《汽车运输业车辆技术管理规定》提出了“定期检测、强制维护、视情修理”的要求，大大推进了汽车不解体检测技术的发展和维修技术水平的提高。现在市场上各种引进的和国产的检测诊断设备、仪器品种繁多，修理厂在建厂或发展过程中，应按照 GB/T 18344—2016《汽车维护、检测、诊断技术规范》提出的要求，结合本单位的实际需要（所维修的主要车型）进行设备配置，在使用过程中还应按仪器设备计量管理的要求，定期进行计量检定，以确保仪器、设备的检测精度。

2）“汽车二级维护检测项目的技术要求应参照国家有关的技术标准和车辆维修资料等相关规定”。检测项目的技术要求即所检测项目应达到的技术标准，这一要求明确了“国家有关的技术标准”这个概念。

①“国家有关的技术标准”主要是指那些国家对车辆有统一要求的技术性能标准。如安全方面提出的对汽车制动性能的要求，GB 7258—2017/XG2—2021《机动车运行安全技术条件》国家标准第 2 号修改单中就有明确规定，这是公安部对机动车安全性能实施控制的依据，也应成为维修的技术标准；又如在环境保护方面，对在用车排放污染物排放限制也有相应的国家规定，而且随着排放治理的不断深入，此类标准还将进一步完善。汽车排放污染是大气污染治理的主要目标，维修时应严格执行国家排放标准。

②“原厂要求”主要是指检测项目中除有国家标准统一要求的之外，其他均应以“原厂要求”为标准，这一方面进一步明确了汽车维护的技术质量要求，体现了“恢复原厂技术状态”这一汽车二级维护的基本宗旨；另一方面也进一步强调维修企业应重视汽车维修技术资料的收集和信息管理工作，否则维修就无技术标准可依，维修质量当然也无从谈起。

2. 附加作业项目要求

汽车是一个复杂的运动机械，其技术性能与其使用环境有着密切的联系，特别是配置电控系统的汽车，一个故障现象可能会牵涉到很多方面的因素。因此，通过维护前的不解体检测，准确评定汽车技术状况，确定合适的附加作业项目，是一项技术难度较大的工作。应根据检测结果，结合汽车运行等各方面的信息，对汽车技术状况进行综合评价，确定合理的附加作业项目。

根据 GB/T 18344—2016《汽车维护、检测、诊断技术规范》中的 5.3.1 条指出汽车二级维护附加作业项目确定的原则要求，具体如下：

1）“二级维护前应进行进厂检测，依据进厂检测结果进行故障诊断并确定附加作业项目。”通过仪器设备检测诊断或观察、路试所得到的结果，是汽车各部件运行技术状况的真实表现，是科学的、可靠的，应作为确定附加作业项目最主要的依据。而驾驶人的某些反映受本人技术素质和判断能力的限制，有时并不准确。如驾驶人反映润滑油消耗量大，排气管冒蓝烟，发动机磨损了要大修，但实际情况是各缸气缸压力值并不低，原因是气门油封失效，润滑油顺着气门进入气缸烧掉了。

2）“二级维护作业过程中发现的维修项目，也应作为附加作业项目。”这是确定附加作业深度的原则标准，充分体现了汽车二级维护的宗旨。若维护作业（包括附加作业）超范围，不仅违背二级维护的宗旨，而且违背了《汽车运输业车辆技术管理规定》所倡导的“技术与经济相结合”的汽车维护技术管理的基本原则。

3）“二级维护作业项目包括基本作业项目和附加作业项目，二级维护作业时一并进行。”这里提出了维护作业执行的原则要求，同时也进一步表明，汽车二级维护附加作业是维护作业不可分割的一部分。在实施过程中，应通过维修合同、维修作业单、过程检验及竣工检验等来充分体现，以确保汽车二级维护基本作业项目和附加作业项目全面落实，保证维护质量。

在汽车二级维护具体实施的过程中，要将上述附加作业与汽车二级维护基本作业项目结合一并进行，需要解决好以下几方面的问题：

一是附加作业的技术规范问题。由于附加作业内容是检修或总成修理、部件更换，因此附加作业应严格按《车型维修手册》的要求进行。

二是附加作业如何安排的问题。要将基本作业和附加作业“一并进行”，对有些项目是可行的，如更换零部件和局部检测，可以通过适当延长维护作业时间的方法，将附加作业穿插在基本作业过程中进行。在安排维护作业时，应将总成拆修和基本维护作业的内容合理安排好，尤其是对相互关联的作业项目。

总之，只有将附加作业合理安排好，并结合二级维护基本作业进行，同时真正按技术要求作业，汽车二级维护才能达到应有的效果。

任务二 发动机的二级维护

学习目标

1. 知识目标

1）熟悉发动机二级维护的作业内容。

2）掌握不同车型发动机二级维护的标准。

2. 技能目标

1）掌握发动机二级维护的作业规范。

2）能够完成发动机的二级维护作业。

3. 素养目标

1）具备“5S”规范管理意识。

2）具有爱岗敬业的精神和自我完善的品质。

3）具备“节约光荣”的生产意识。

知识储备

一、二级维护的定义

除一级维护作业外，以检查、调整制动系、转向操纵系、悬架等安全部件，并拆检轮胎，进行轮胎换位，检查调整发动机工作状况和汽车排放相关系统等为主的维护作业。

二、验收标准

汽车作为损耗品，为保持其具有的优良性能，一般每行驶 40000～50000km 或 120 日就要进厂进行二级维护。车主可以凭借一定标准验收二级维护的质量，交纳费用也有标准可循，下面给出一些参照标准：

1）发动机通过三清三滤作业后，应易起动、运转平稳、排气正常（指尾气达标）、冷却液温度正常、润滑油压力符合要求、转速平稳、无异响、各传动带张紧适度以及无四漏（水、油、电、气）现象。

2）转向盘自由行程和前束符合要求，转向轻便、灵活、可靠，行驶时前轮无左右摆头和跑偏现象。

3）离合器自由行程符合要求，操作方便、分离彻底、接合平稳可靠、无异响，液压系统无漏油。

4）变速器、驱动桥、万向节（或半轴）传动装置等润滑良好，连接可靠，无异响和过热，不跳档、换档灵活、不漏油。

5）制动踏板自由行程和制动器间隙符合要求，行车、驻车制动器良好，制动时无跑偏和拖滞现象，惯性比例阀工作正常，不漏油。

6）轮胎压力正常（不同的车型规定的高低压标准不同）。

7）悬臂、减振固定可靠，功能正常，轮毂轴承温度在行驶后不会过热。

8）发电机、起动机、灯光、仪表、信号灯、按钮、开关附属设备齐全完整，工作正常。

9）全车各润滑点加注润滑油。

10）全车冲洗清洁。

三、维护内容

1）发动机。汽车二级维护需要检测发动机的怠速、中速和高速运转时候的状况以及气缸压力和真空度等是否符合标准，还有发动机通过三清三滤作业后的各项指标的情况是否符合规范。这个项目的检查相对一级维护而言，较为精细。

2）离合器。对离合器操作的方便性、平稳性和可靠性的检测，确保离合器在使用时轻便、无异常、液压系统也没有漏油。

3）轮胎。检测轮胎的胎压是否正常，轮胎纹路里面是否夹杂碎石子等容易伤害轮胎的杂质以及检测轮胎是否存在老化、鼓包等现象；还要检测轮胎在正常运行时是否与车厢底板有摩擦现象。

4）整车检验。检测车辆的整体情况，如车架有无裂缝、螺钉是否松动以及行车时有无异响等。如发现，则应立即检查、调整和排除，确保车辆正常行驶。

四、二级维护作业流程

二级维护作业流程如图 3-10 所示。

任务实施

一、设备

整车、工作台、举升机、废液回收盆、废气抽排装置和解码器等。

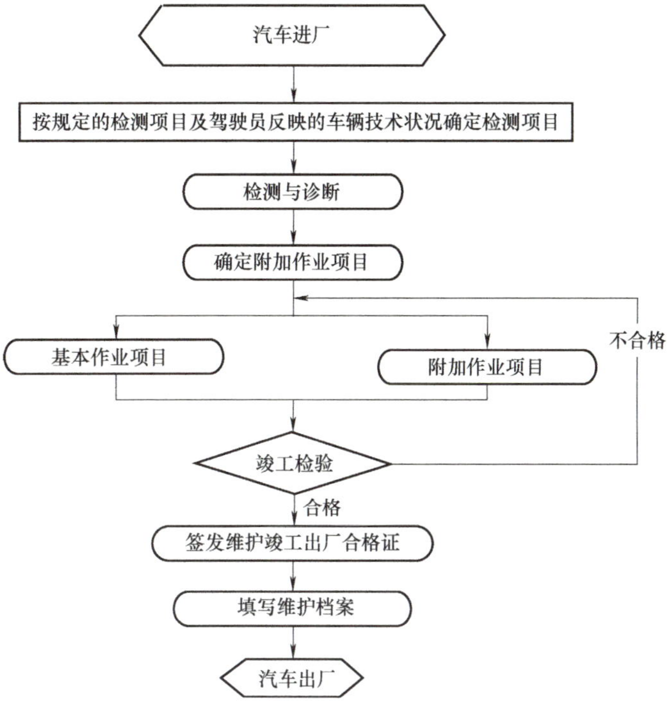

图 3-10　二级维护作业流程

二、工具

车轮挡块、地板垫、座椅套、转向盘套、翼子板布、前格栅布、手电筒、手套、抹布若干、成套工具、火花塞专用套筒、火花塞塞尺、扭力扳手、冰点检测仪、尾气分析仪和传动带张力计等。

三、实施步骤

1. 车辆防护与预检	
操作示意图	操 作 方 法
	1）安装车轮挡块，安装车内防护三件套 2）拉起驻车制动器，降下驾驶人侧车窗玻璃，拉起发动机舱盖释放杆 3）打开发动机舱盖，安装翼子板布和前格栅布 4）进行车辆预检 车辆防护与预检

2. 进气系统维护

操作示意图	操 作 方 法
	拆卸空气滤清器： 1）掰开空气滤清器盖卡扣 2）取出空气滤清器滤芯
	清洁空气滤清器壳体：用干净的抹布擦拭空气滤清器壳体内部 注意：不能用压缩空气直接吹洗，避免灰尘被直接吹入进气管
	清洁空气滤清器滤芯：用气枪清洁滤芯 注意：压缩空气从滤芯的反面吹向正面，不能倒过来吹洗

操作示意图	操 作 方 法
	更换空气滤清器滤芯：更换同型号滤芯 注意：滤芯安装的方位，壳体应安装到位，保持密封状态
	检查进气管：检查进气管有无破损或漏气 注意：检查与进气管连接的真空管、曲轴箱通风管等管路的安装情况及有无破损

3. 燃油系统维护

操作示意图	操 作 方 法
	检查发动机舱内燃油管路： 1）起动发动机 2）检查发动机舱内燃油管路连接是否可靠，有无渗漏情况 注意：检查时注意安全，避免触及发动机传动带等旋转件

操作示意图	操 作 方 法
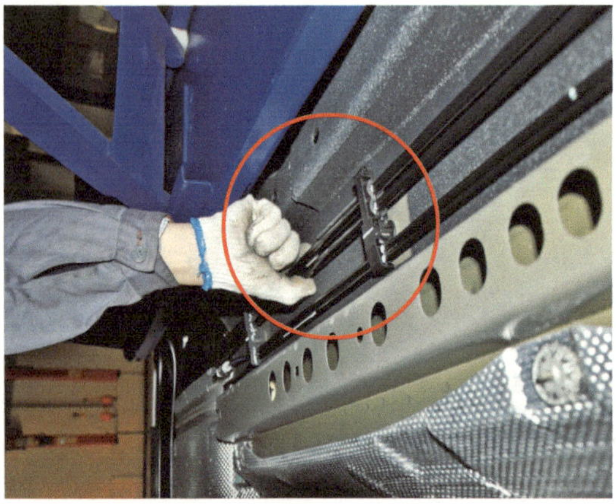	检查车辆底部燃油管路： 1）发动机熄火，取下排气烟道 2）将车辆举升至最高位 3）检查车辆底部的燃油管路是否凹陷、变形 4）检查燃油管路安装是否可靠，有无渗漏情况
	检查燃油蒸发管路： 1）检查燃油蒸发管路有无扭结、磨损、腐蚀或其他损坏 2）检查燃油蒸发管路的安装及接头紧固情况
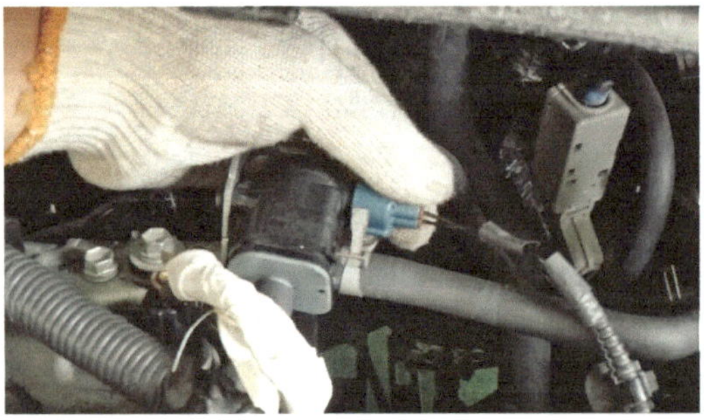	3）检查燃油蒸发管路及接头有无泄漏

4. 点火系统维护

操作示意图	操 作 方 法
	1）检查蓄电池外壳 2）检查蓄电池外壳四周是否有裂纹、渗漏，如有则需更换蓄电池
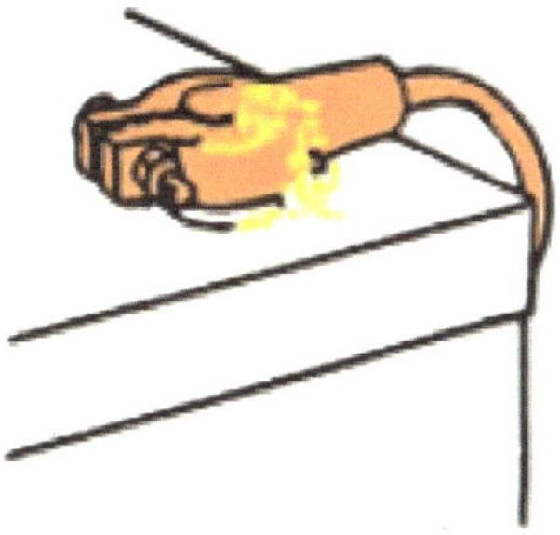	1）检查蓄电池接线柱 2）检查接线柱是否有污垢、腐蚀，如有则用温开水冲洗，并涂抹少量润滑脂防止接线柱腐蚀
	1）检查接线柱导线 2）用手拉扯蓄电池导线，检查连接是否可靠，如有松动需加以紧固
	1）检查电解液液位 2）通过外壳液位刻度线，检查电解液液位是否符合规定，如液位偏低，需适当添加蒸馏水 注意：如果外壳是黑色，只能通过加注口来检查电解液液位

操作示意图	操 作 方 法
	检查加注口盖： 1）检查加注口盖是否有损坏 2）检查安装是否可靠 3）检查通风孔是否堵塞 注意：加注口盖应完好，安装到位；通风孔如有堵塞，需疏通
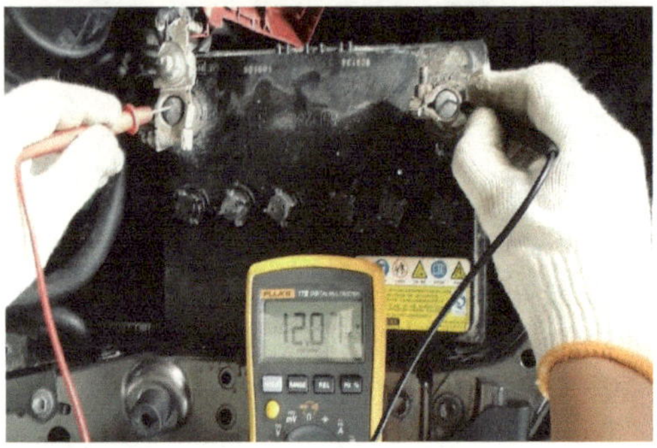	检测记录蓄电池静态电压
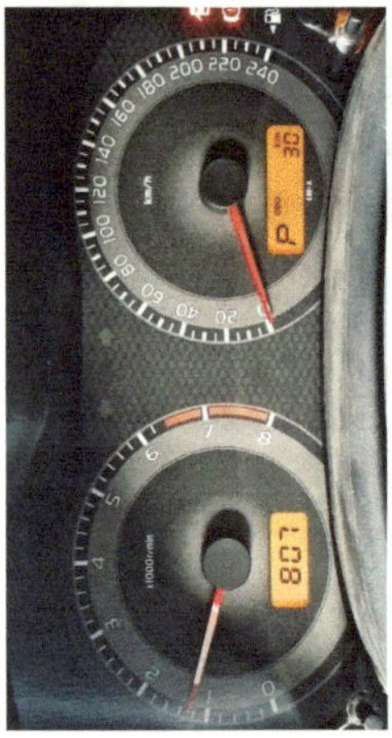 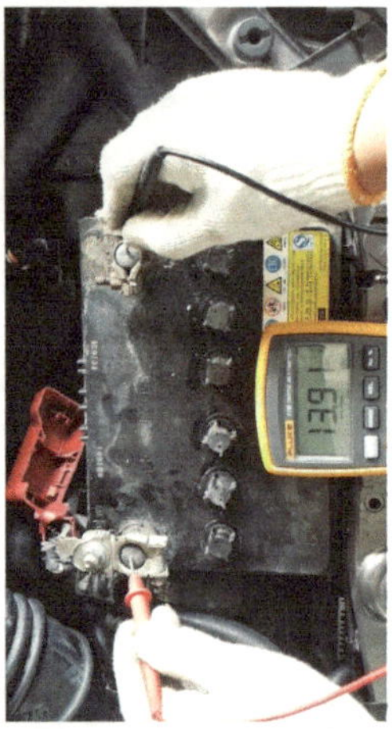	检测记录蓄电池动态电压
	检测电解液密度： 1）取出密度计，进行清洁 2）进行密度计校零 3）旋下蓄电池加注口盖 4）吸少量电解液，滴在密度计前端测量玻璃上

操作示意图	操 作 方 法
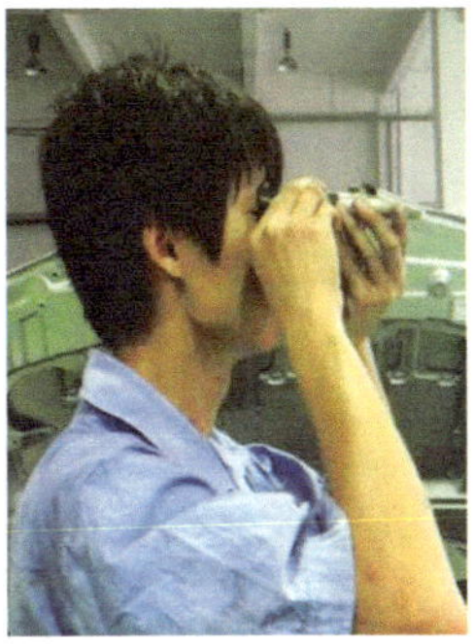 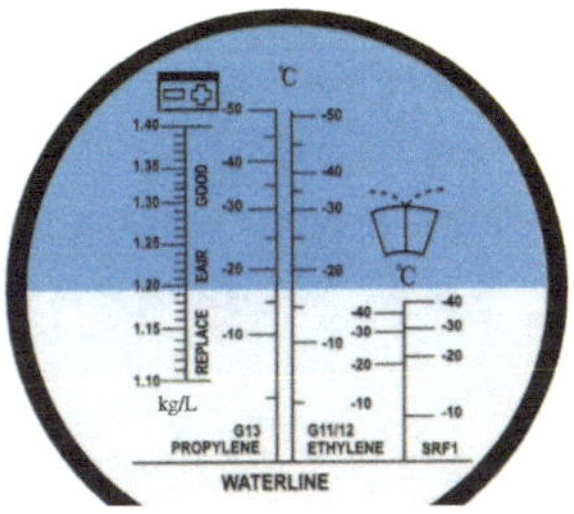	电解液密度读数： 1）将密度计水平放至眼前，对着光亮处观测 2）读出并记录电解液密度 3）清洗吸管和密度计，擦干后放回 4）旋紧蓄电池加注口盖

5. 排气系统维护

操作示意图	操 作 方 法
	排气管安装状况检查： 1）将车辆举升至最高位 2）戴上手套，拿着手电筒 3）检查橡胶吊耳是否有脱落、损坏 4）检查排气管连接处垫圈是否有损坏、渗漏
	检查三元催化转换器是否损坏

操作示意图	操 作 方 法
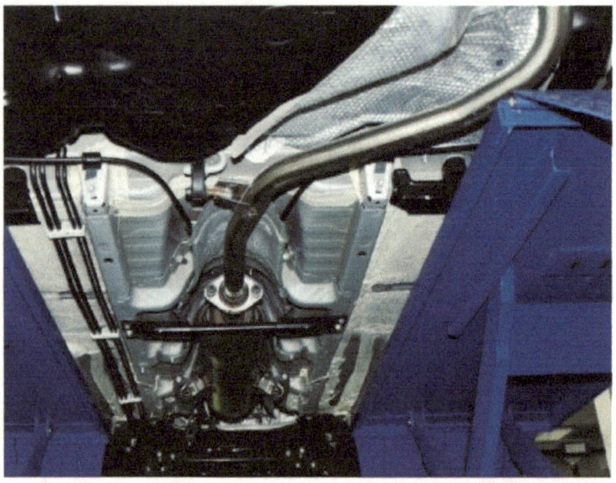	排气管外观检查： 1）检查排气管是否有锈蚀、损坏、渗漏 2）检查消声器是否有锈蚀和漏气 注意：排气管如有渗漏需更换
	检测尾气排放值（怠速）

6. 润滑系统维护

操作示意图	操 作 方 法
	检查润滑油液位： 1）取出机油尺，用抹布擦拭干净 2）将机油尺插入原位 3）再拔出机油尺，查看润滑油的液位 注意：机油尺应装复到位

操作示意图	操 作 方 法
	拆下润滑油加注口盖，并用干净的布遮住
	准备润滑油回收罐： 1）将车辆举升至适当高度 2）润滑油回收罐放在油底壳下方 注意：确认润滑油回收罐阀处于排放状态
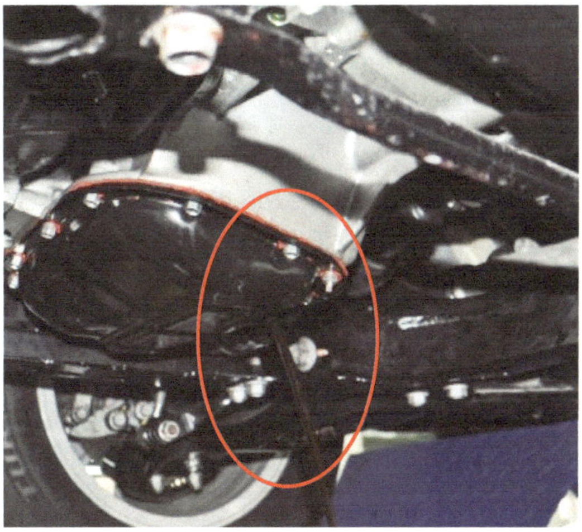	排放润滑油： 1）用套筒松开润滑油排放螺栓 2）用手小心旋下，排放润滑油 注意：最好带橡胶手套，避免被高温润滑油烫伤

操作示意图	操 作 方 法
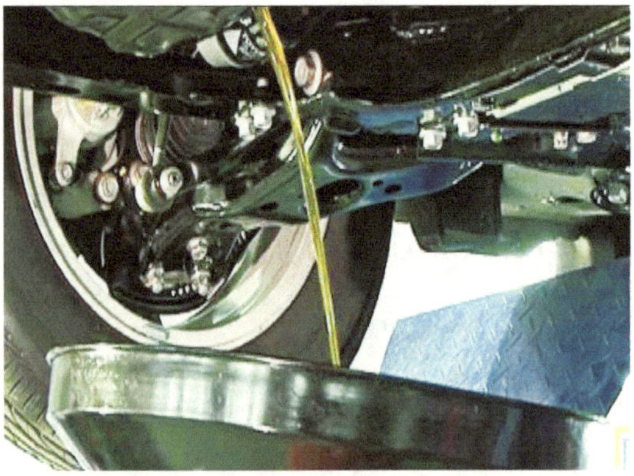	用润滑油回收装置收集旧润滑油
 	用专用工具拆卸机油滤清器
 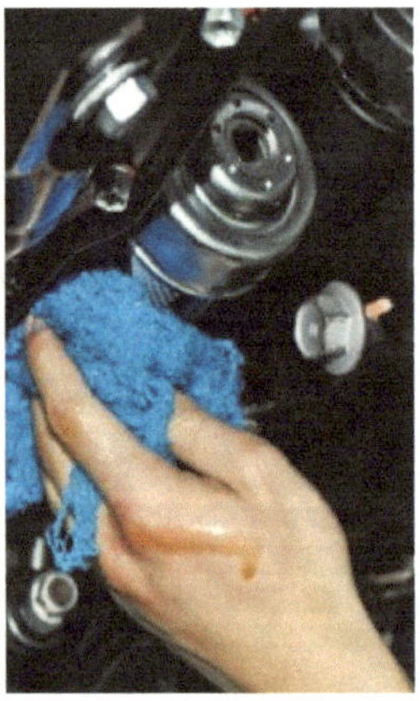	更换新机油滤清器： 1）在新机油滤清器的密封圈上涂一层新润滑油 2）用手将新机油滤清器拧紧到位 3）用专用工具将机油滤清器按规定力矩拧紧，或拧紧 3/4 圈 4）用毛巾擦拭干净

操作示意图	操 作 方 法
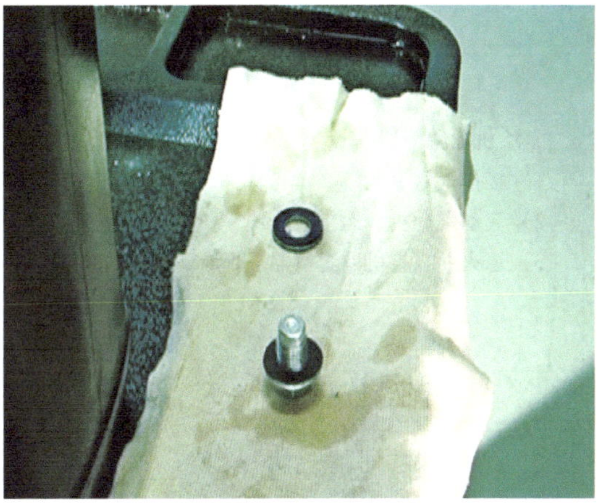	安装润滑油排放螺栓： 1）等旧润滑油放尽后，更换排放螺栓垫片 2）用手将排放螺栓拧紧到位 3）再将其按规定力矩拧紧
	加注润滑油： 1）降下车辆 2）加注适量的新润滑油 3）通过机油尺检查润滑油液位，加注至规定刻度范围内 4）拧紧润滑油加注口盖
	复查润滑油液位： 1）接排气烟道 2）起动发动机，运行几分钟 3）熄火后复检润滑油液位 4）检查机油滤清器及排放螺栓是否有渗漏

操作示意图	操 作 方 法
	复检机油滤清器： 1）接排气烟道 2）起动发动机，运行几分钟 3）熄火后复检机油滤清器是否渗漏

7. 冷却系统维护

操作示意图	操 作 方 法
	检查散热器有无脏污、变形、泄漏或损坏
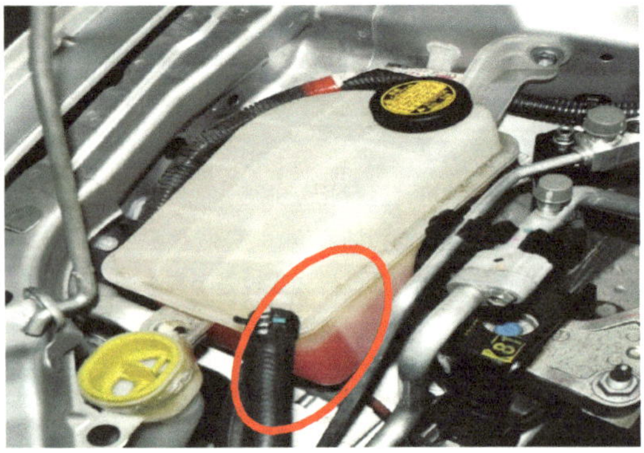	检查冷却液液位：检查副水箱的液位是否处于规定的范围内

操作示意图	操 作 方 法
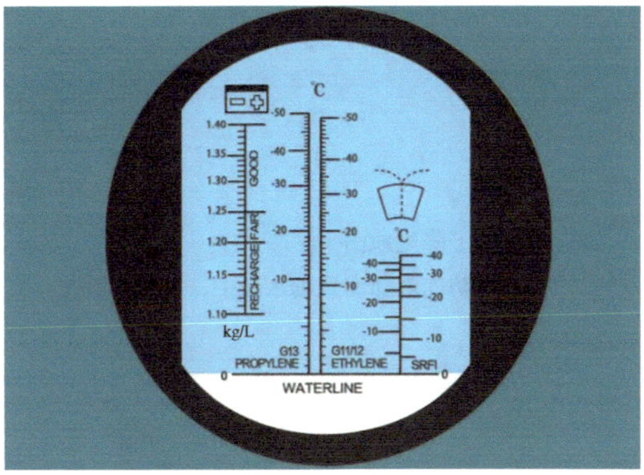	冰点检测仪校零： 1）取出冰点检测仪并进行清洁 2）用蒸馏水进行校零
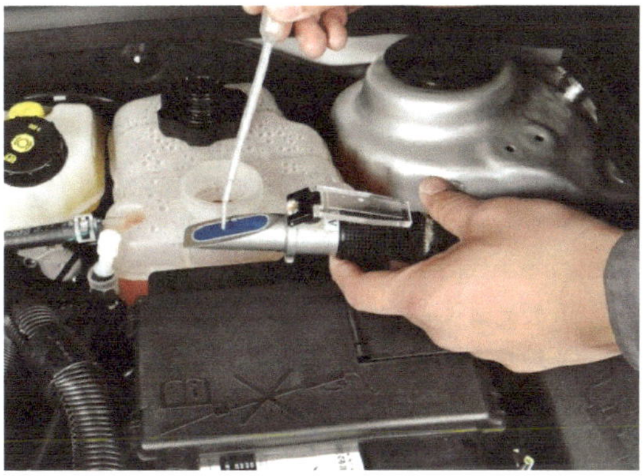	冷却液冰点检测： 1）打开副水箱盖 2）用塑料吸管取出少量冷却液 3）测量冷却液冰点，读出数值并记录 4）清洗吸管和冰点检测仪
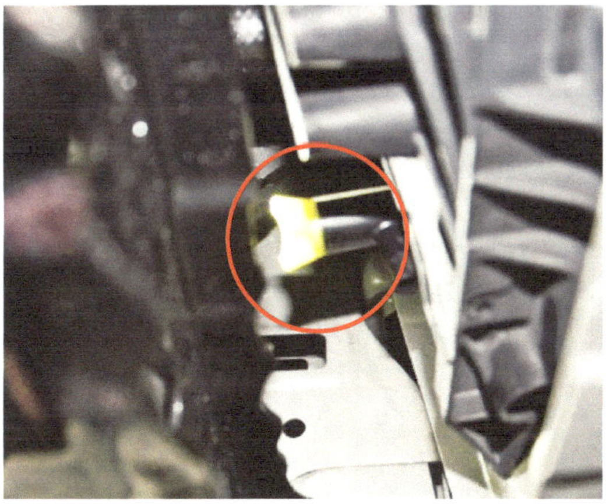	排放冷却液： 1）拆下副水箱盖 2）将车辆举升至适当高度 3）放置废液回收盆 4）旋开排放阀 5）当排放完毕后，旋紧排放阀

操作示意图	操 作 方 法
	加注冷却液： 1）将车辆下降至地面 2）将专用防冻液加注到副水箱中，至规定液位
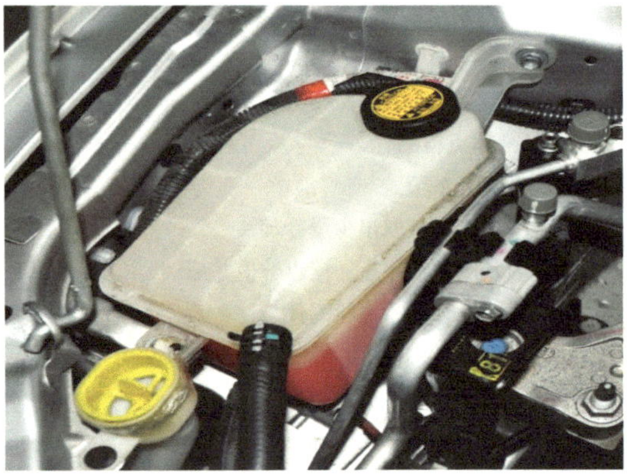	检查冷却液： 1）起动发动机，暖机至冷却风扇高速旋转 2）复检液位是否正常，如液位偏低，需适量补充冷却液 3）装复副水箱盖 4）检查冷却液是否渗漏
	发动机舱内冷却管路检查： 1）起动发动机，并进行暖机 2）检查橡胶软管是否有裂纹、凸起和老化 3）检查管路连接是否可靠，是否有泄漏 4）检查卡箍安装是否有松动

操作示意图	操 作 方 法
	车辆底部冷却管路检查： 1）熄火，取下排气烟道 2）将车辆举升至适当高度 3）检查冷却管路连接是否可靠，是否有泄漏

8. 配气系统维护

操作示意图	操 作 方 法
	传动带外观检查： 1）将车辆举升至最高位 2）检查传动带是否正确地安装在传动带轮槽内 3）检查传动带是否有磨损、裂纹、老化等现象
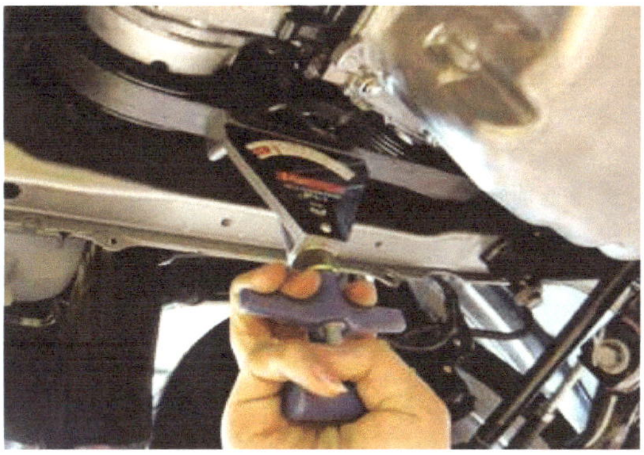	传动带张紧度检查： 1）将传动带张力计复位 2）将张力计卡在正时带上，测量其张力 3）取下张力计，读取张力值

9. 发动机舱盖的维护	
操作示意图	操作方法
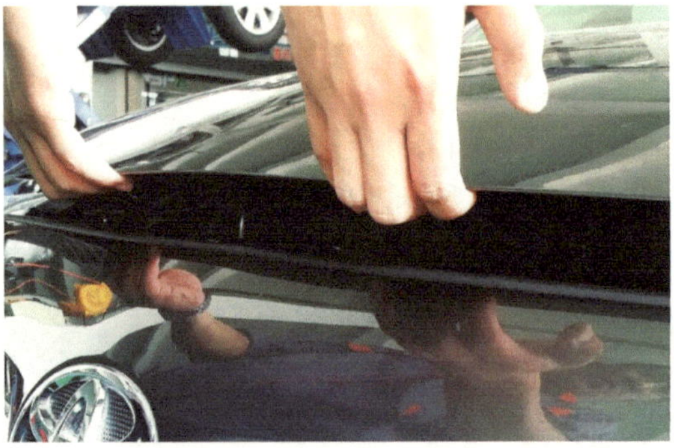	检查发动机舱盖锁闩的工作情况
	检查发动机舱盖铰链有无松动
	检查前风窗玻璃洗涤液液位

10. 车辆、工具复位

操作示意图	操 作 方 法
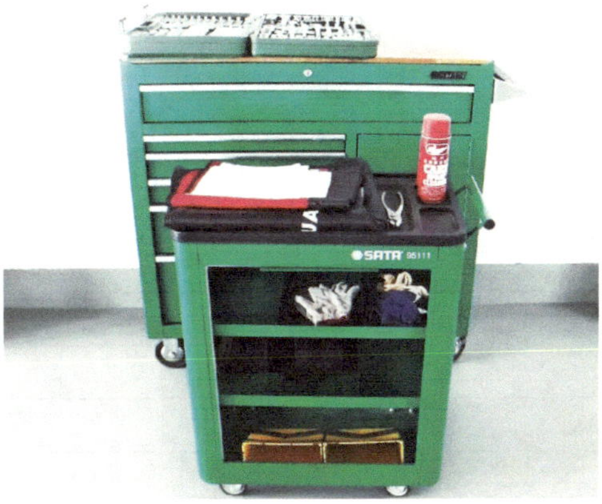	1）关闭发动机，取下尾气收集管 2）取下车内、外防护用品 3）车辆复位，清洁车身 4）清洁并整理工具 注意：在操作过程中要体现“5S”管理理念

检测与评价

序　　号	作 业 内 容	完 成 情 况
1	车辆防护与预检	
2	起动尾气分析仪	
3	检查发动机冷却液液位	
4	检查冷却液管及接头有无泄漏	
5	检查软管夹箍有无损坏和松动	
6	检查软管有无磨损、裂纹、凸起、硬化或其他损坏	
7	检查燃油管路及接头有无泄漏	
8	检查燃油管路有无扭结、磨损、腐蚀或其他损坏	
9	检查燃油管路的安装及接头紧固情况	
10	检查燃油蒸发管路及接头有无泄漏	
11	检查燃油蒸发管路有无扭结、磨损、腐蚀或其他损坏	
12	检查燃油蒸发管路的安装及接头紧固情况	
13	检查前风窗玻璃洗涤液液位	
14	检查发动机润滑油液位	
15	检查蓄电池的安装、污染及损坏情况	
16	检查蓄电池端子有无腐蚀	
17	检查蓄电池端子导线有无松动	
18	检测并记录蓄电池电压	
19	检查发动机传动带有无变形、磨损、裂纹、脱层或其他损坏	
20	检查发动机传动带的安装情况及传动带张力（按压）	
21	检查发动机舱盖锁闩的工作情况	

（续）

序 号	作业内容	完成情况
22	检查发动机舱盖铰链有无松动	
23	拆下润滑油加注口盖	
24	检查发动机各部接合面有无漏油	
25	检查发动机各油封有无漏油	
26	检查发动机放油螺塞有无漏油	
27	排放发动机润滑油	
28	检查散热器有无脏污、变形、泄漏或损坏	
29	检查燃油管路有无泄漏	
30	检查燃油管路有无扭结、磨损、腐蚀或其他损坏	
31	检查燃油管路的安装及接头紧固情况	
32	检查燃油蒸发管路有无泄漏（可见部分）	
33	检查燃油蒸发管路有无扭结、磨损、腐蚀或其他损坏（可见部分）	
34	检查燃油蒸发管路的安装及接头紧固情况（可见部分）	
35	检查三元催化转化器、排气管、消声器有无凹陷、刮伤、腐蚀或其他损坏	
36	检查排气系统各密封垫片有无泄漏	
37	检查排气管、消声器的吊挂有无损坏或脱落	
38	拆卸机油滤清器盖及密封件	
39	更换机油滤清器芯	
40	更换新的密封件并安装机油滤清器盖	
41	检查并清洁空气滤清器外壳	
42	更换空气滤清器	
43	检查并记录冷却液冰点	
44	检测并记录蓄电池充电电压	
45	检测尾气排放值（怠速）	

任务三 底盘的二级维护

学习目标

1. 知识目标

1）熟悉底盘二级维护作业内容。

2）掌握不同车型的底盘二级维护标准。

2. 技能目标

1）掌握底盘二级维护作业规范。

2）能够完成底盘的二级维护作业。

3. 素养目标

1）具备“5S”规范管理意识。

2）具备“安全第一”的理念，尊重生命，热爱生活。

知识储备

底盘是汽车的重要组成部分之一，其功用是支撑和安装汽车发动机、车身及其他总成，形成车辆的整体造型，并接受发动机输出的动力，使车辆产生运动，保证正常行驶。

汽车底盘由传动系统、行驶系统、转向系统和制动系统四部分组成，其性能好坏对车辆的操控性能、舒适性能及安全性能会产生很大的影响，所以对其进行定期维护是十分重要的。

一、制动系统维护

1. 结构

行车制动系统是车辆底盘的重要组成部分，其作用是控制车辆速度或实现停车，将直接影响车辆的行驶安全，其主要构成有操纵机构、真空助力器、制动总泵、制动分泵、制动液及管路等；制动管一般为双回路液压管路，由六根硬管和四根软管组成，如图 3-11 所示。

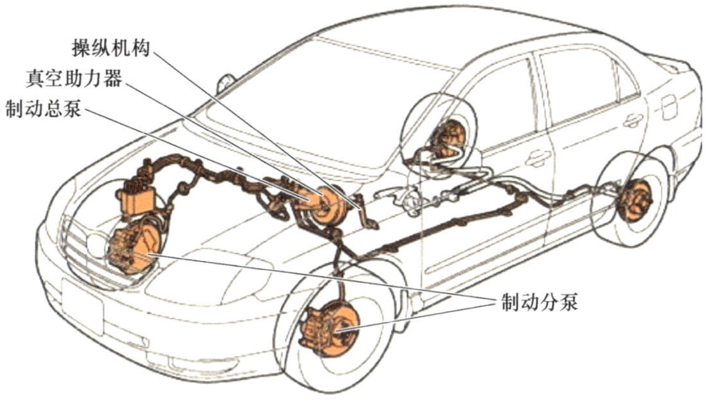

图 3-11　行车制动系统的组成

盘式制动器是当前小型乘用车的主流制动形式，主要部件由制动盘、摩擦片、制动分泵和制动卡钳等组成，如图 3-12 所示。

2. 作用

接受外力（驾驶人踩踏）驱动，由真空助力器辅助外力施加，由制动总泵将行车制动操纵机构的力转变为制动液压力，再通过制动管路传递到行车制动各个分泵，最终实现车轮制动。

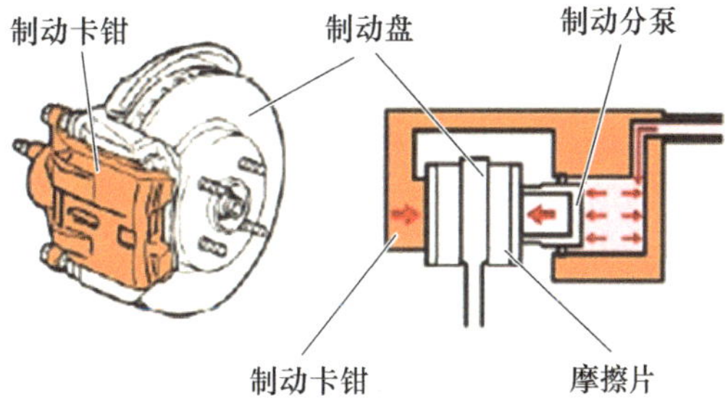

图 3-12　盘式制动器

管路连接总泵和分泵，为制动液的流通、液力的传动提供管道，其技术状况将直接影响行车安全。在车辆长期使用后，可能会出现制动分泵渗漏、摩擦片异常磨损和制动盘损坏等现象，这将导致制动性能下降，影响行车安全。

3. 重要性

车辆长时间使用后，可能会出现制动性能下降，影响行车安全，必须保证制动踏板工作参数及真空助力器工作良好，以获得合适的制动力，并保证没有制动拖滞现象。

若管路损坏、老化会导致制动液泄漏，湿气或空气进入管路，降低制动效能，还会在分泵上产生锈蚀，使密封圈泄漏。

4. 维护项目

底盘二级维护的项目如下：

1）检查制动踏板工作状态，有无异常噪声和松旷。

2）测量制动踏板的高度，是否符合标准规定。

3）测量制动踏板自由行程，是否符合标准规定。

4）测量制动踏板行程余量，是否符合标准规定。

5）检查真空助力器工作状况、真空功能、气密性是否良好。

6）检查安装于底盘下的制动管路。

7）检查安装于制动器附近的制动软管。

8）检查安装于发动机舱的制动管路。

9）检查制动卡钳的外观。

10）检查与测量摩擦片。

11）检查与测量制动盘。

二、行驶系统维护

1. 结构

悬架系统将车轮与车身或车架相连，以便支撑车辆，缓冲地面冲击，改善行驶，确保行驶稳定，主要构成有减振器、减振弹簧、稳定杆等，如图 3-13 所示。

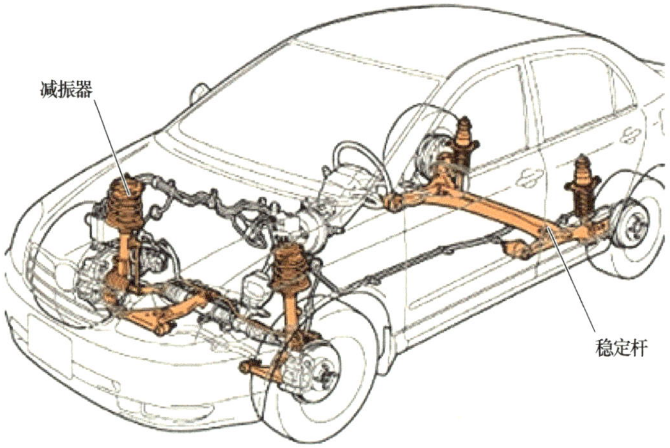

图 3-13 悬架系统的组成

2. 作用

减振器限制车身或车架的移动，起到缓冲的作用；减振弹簧缓冲路面冲击力并减少传递到车身上的振动；当车辆转弯时，因为离心力，车身产生倾斜，稳定杆通过扭曲变形从而控制倾斜，并保持轮胎贴紧地。

3. 重要性

悬架系统决定着车辆的舒适性和操控性，若悬架出现故障，车辆的舒适、安全将受到严重的影响，甚至埋下事故隐患，所以悬架系统必须定期检查和维护。

4. 维护项目

1）车身水平检查。

2）悬架减振力检查。

3）稳定杆检查。

4）弹簧外观检查。

5）减振器外观检查。

三、传动系统维护

1. 结构

传动系统主要由电控单元、转速传感器、液力变矩器、液压控制系统、变速杆和行星齿轮装置等构成，如图 3-14 所示。

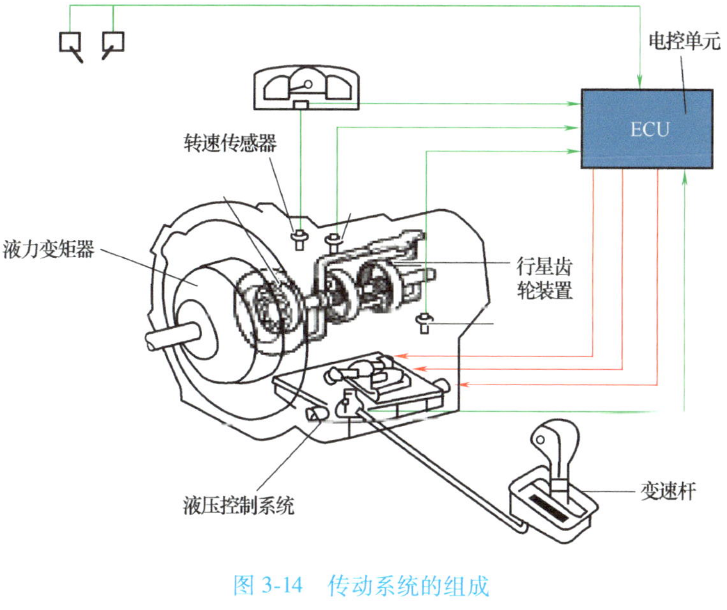

图 3-14 传动系统的组成

2. 作用

自动变速器根据节气门位置传感器和输出转速传感器等信号，利用液压力控制换档执行元件，实现自动变速（改变输出转速和转矩）。

3. 重要性

自动变速器液（ATF）会因长期使用而变质，如果不定期更换，换档冲击变大，燃油经济性变差，产生噪声。在正常车辆使用过程中，油液不会减少，如有减少是由于泄漏造成的。

4. 维护项目

1）检查自动变速器液液位。

2）检查自动变速器有无泄漏。

3）检查自动变速器冷却软管有无损坏。

四、转向系统维护

1. 结构

转向系统主要由横拉杆、转向球节和转向节、防尘罩等组成，如图 3-15 所示。

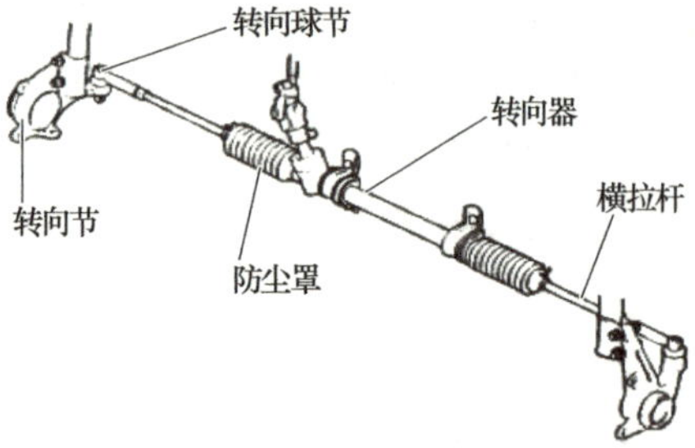

图 3-15 转向系统的组成

2. 作用

转向的过程就是将转向器输出的力和运动传到转向节上，从而使两侧转向轮转动。

3. 重要性

转向传动机构故障，会导致转向效能降低或行驶跑偏，影响行车安全。

4. 维护项目

1）检查转向横拉杆。

2）检查横拉杆球头防尘罩。

3）检查转向节。

4）检查转向器防尘罩。

任务实施

一、设备

整车、工作台、举升机、废液回收盆、废弃抽排装置和解码器等。

二、工具

车轮挡块、地板垫、座椅套、转向盘套、翼子板布、前格栅布、手电筒、手套、抹布若干、成套工具、火花塞专用套筒、火花塞塞尺、扭力扳手、冰点检测仪、尾气分析仪和传动带张力计等。

三、实施步骤

制动系统维护 1　　制动系统维护 2　　制动系统维护 3

1. 车辆防护与预检

操作示意图	操 作 方 法
	1）安装车轮挡块，安装车内防护三件套 2）拉起驻车制动器，降下驾驶人侧车窗玻璃，拉发动机舱盖释放杆 3）打开发动机舱盖，安装翼子板布和前格栅布 4）进行车辆预检

2. 制动系统维护

操作示意图	操 作 方 法
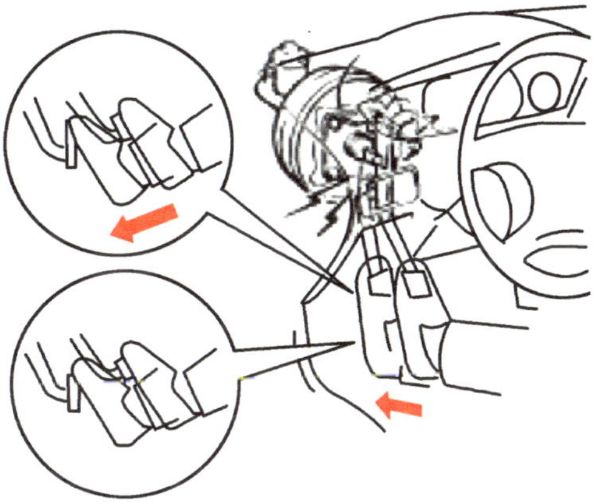	检查制动踏板工作状况： 1）发动机处于未起动状态，踩踏制动踏板数次 2）制动踏板应无异常噪声和松旷
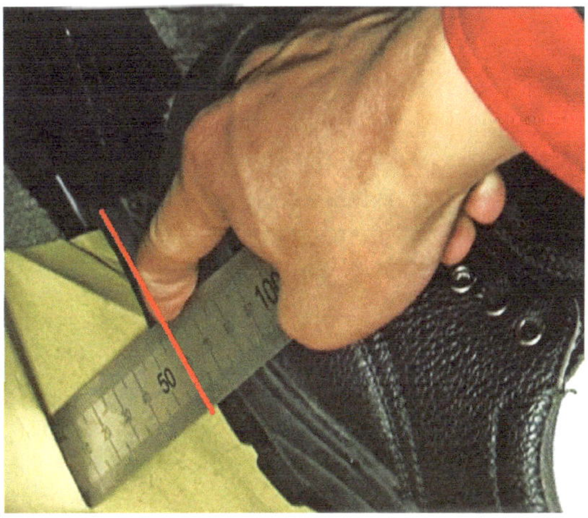	检查制动踏板余量：用 294N 的力踩下制动踏板，制动踏板行程余量应大于 60mm 注意：实际值=测量值+地胶和脚垫的厚度

操作示意图	操 作 方 法
	检查制动踏板总高度：用直尺测量从地板到制动踏板上表面的距离，制动踏板总高度应为115~135mm
	检查制动踏板自由行程：轻轻按压制动踏板，用直尺测量制动踏板自由行程，应为1~6mm
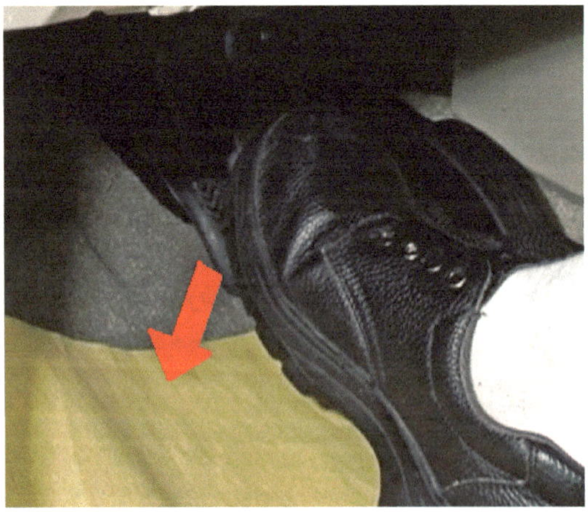	检查真空助力器工作状况： 1）踩住制动踏板，起动发动机 2）制动踏板应能自然下沉，无僵硬感，响应性良好，形成助力效果

操作示意图	操 作 方 法
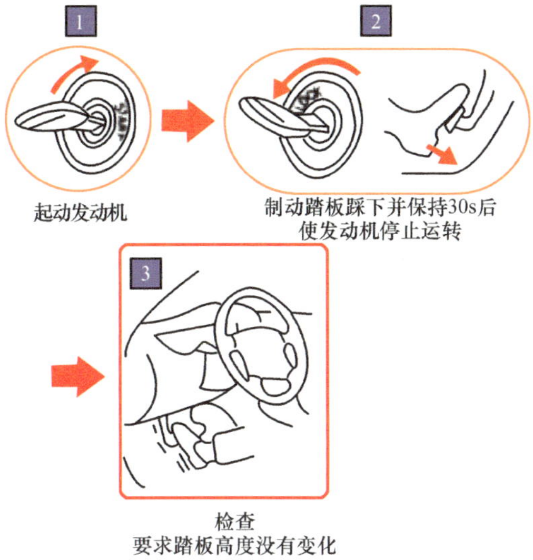	检查真空助力器真空功能： 1）踩下制动踏板保持 30s 2）发动机熄火，松开制动踏板 3）检查真空助力器真空功能，制动踏板高度应无明显变化
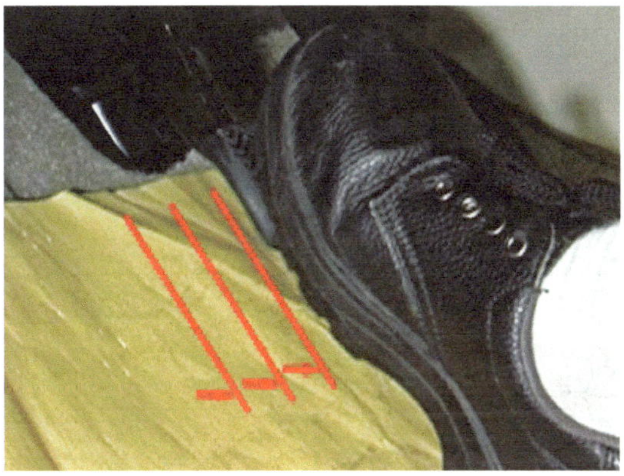	检查真空助力器气密性： 1）踩踏制动踏板数次，检查真空助力器气密性 2）制动踏板高度越来越高，确认气密性良好
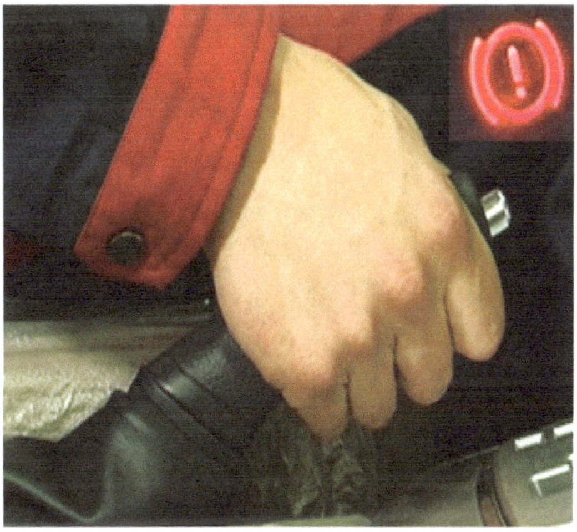	检查驻车制动器： 1）点火钥匙旋至 ON 位 2）拉起驻车制动器操纵杆，在操纵杆到达第一个槽口前，检查驻车制动器指示灯是否点亮 3）继续拉起操纵杆，听到“咔嗒”声，并记录次数 4）释放操纵杆，检查驻车制动器指示灯是否熄灭

操作示意图	操 作 方 法
	拆卸车轮： 1）举升车辆至合适位置 2）检查气动扳手 3）使用气动扳手按照对角交叉顺序拆卸车轮 4）取下车轮，置于轮胎架上
	拆卸制动卡钳： 1）对角拧上两颗车轮螺母 2）将制动盘向外转动一定角度 3）旋松制动卡钳固定螺栓
	拆卸摩擦片： 1）旋下卡钳下固定螺栓 2）用挂钩吊起制动卡钳 3）取下摩擦片

操作示意图	操 作 方 法
	检查制动分泵： 1）检查制动分泵密封圈有无老化、渗漏 2）检查滑动支撑销有无锈蚀、卡滞
	检查摩擦片： 1）检查内、外摩擦片工作面有无异常磨损 2）测量 3 个位置的厚度
	检查制动盘的外观： 1）清洁制动盘工作表面 2）检查制动盘外观，应无损坏或异常磨损

操作示意图	操 作 方 法
	测量制动盘的厚度： 1）清洁千分尺并校零 2）在距制动盘边缘 10mm 处，测 3 个点，测量制动盘厚度，取最小值；制动盘厚度应不小于 19mm 3）清洁并复位量具
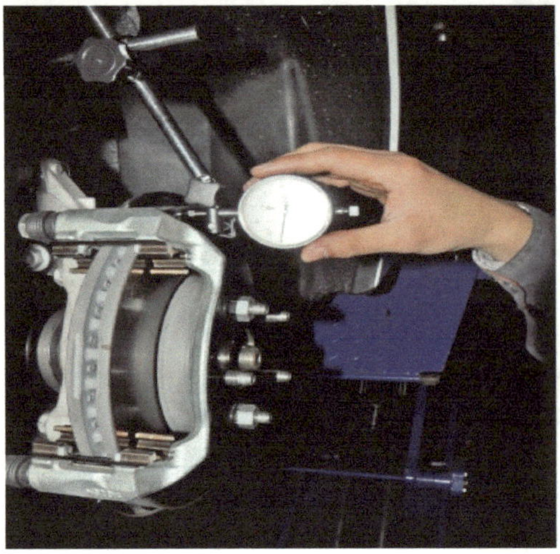	测量制动盘端面圆跳动： 1）用专用工具配合扭力扳手，以规定力矩（标准：103N · m）对角紧固两颗车轮螺母 2）安装百分表，转动制动盘一周，记录偏摆量，偏摆量应不大于 0. 05mm 3）清洁并收回量具
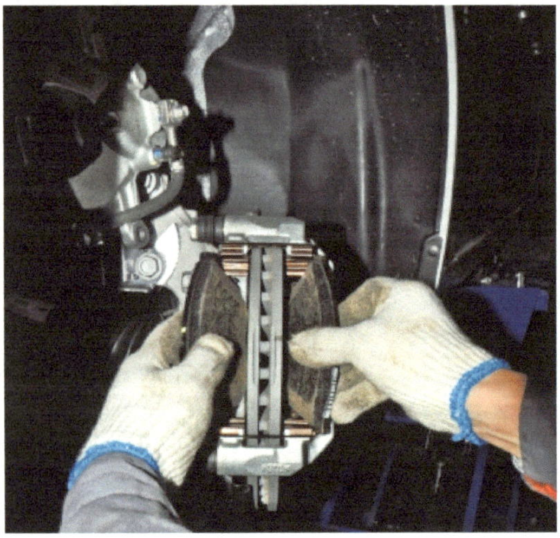	安装摩擦片： 1）在摩擦片的消音垫片上涂少量高温润滑脂 2）装复摩擦片

操作示意图	操 作 方 法
	安装制动卡钳： 1）取下挂钩，安装制动卡钳，拧紧固定螺栓至 34N · m 2）回正制动盘，拆下车轮螺母
	安装车轮： 1）按照对角交叉顺序预紧车轮螺母 2）将车辆降至地面 3）以 103N · m 的力矩，按照对角交叉顺序，紧固车轮螺母
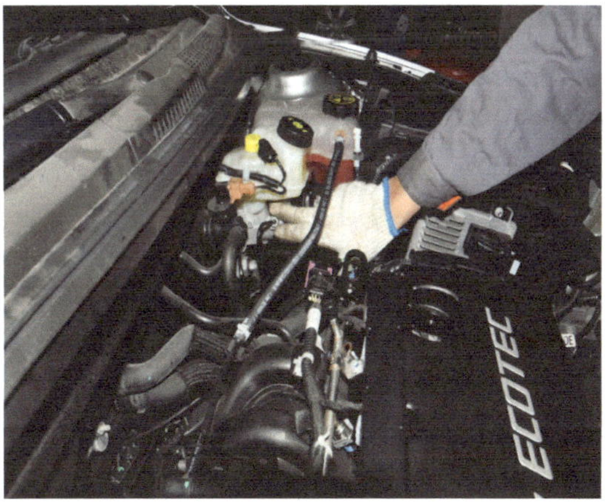	检查发动机舱内制动管路： 1）检查管路连接部分有无液体渗漏 2）检查制动管路有无凹痕、损坏 3）检查管路固定部件有无松动

操作示意图	操 作 方 法
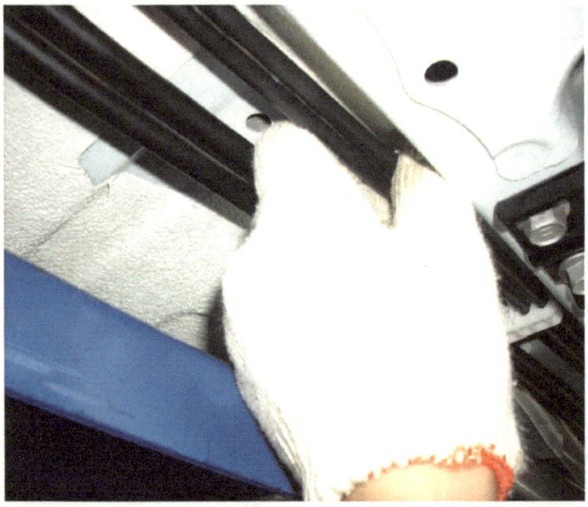	检查车辆底部制动管路： 1）将车辆举升至合适位置 2）检查制动管路有无凹痕、损坏 3）检查制动管路有无渗漏 4）检查管路安装状况是否良好
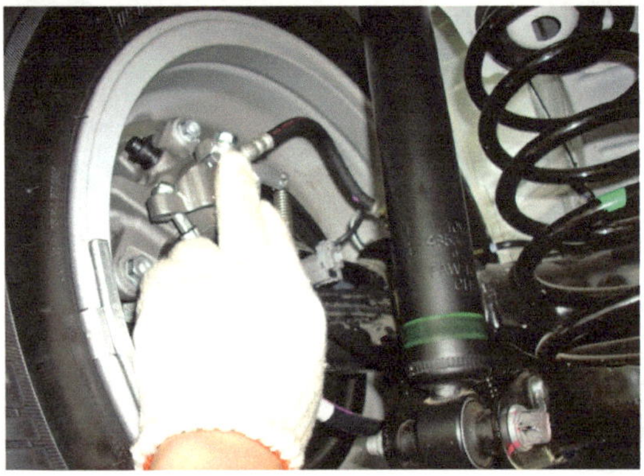	检查制动软管： 1）偏转车轮至任何一侧极限位置 2）旋转车轮 3）检查制动软管安装状况，制动软管应不与车轮或者车身接触 4）检查制动软管表面有无凸起、老化、开裂、渗漏等现象

3. 传动系统维护

操作示意图	操 作 方 法
	检查自动变速器液位： 1）起动发动机，并进行预热 2）按照从P位到L位的顺序转换变速杆，每个档位稍作停留（以使换档执行元件动作），然后再从L位拉回到P位 3）检查自动变速器液液位是否正常

操作示意图	操 作 方 法
	渗漏检查： 1）检查各配合表面有无渗漏 2）检查轴和拉索伸出区域有无渗漏 3）检查油封有无渗漏 4）检查排放螺栓和加注塞 注意：如有自动变速器液散热器，还需检查冷却管路是否有裂纹、凸起等
	检查驱动轴护套： 1）举升车辆至合适高度 2）偏转车轮至极限位置，转动车轮 3）检查外侧护套有无开裂、渗漏 4）检查内侧护套有无开裂、渗漏 5）同样检查另一侧内、外侧驱动轴护套有无开裂、渗漏
	检查卡箍： 1）检查外侧护套卡箍有无锈蚀、损坏 2）检查外侧护套卡箍安装有无松动 3）检查内侧护套卡箍有无锈蚀、损坏 4）检查内侧护套卡箍安装有无松动 5）同样检查另一侧内、外侧护套卡箍有无锈蚀、损坏，安装有无松动

4. 行驶系统维护

操作示意图	操作方法
	检查车身水平： 1）取下发动机外部防护，关闭舱盖 2）采用半蹲姿势在车辆的正前方，观察车身有无明显倾斜 3）采用半蹲姿势在车辆的正后方，观察车身有无明显倾斜
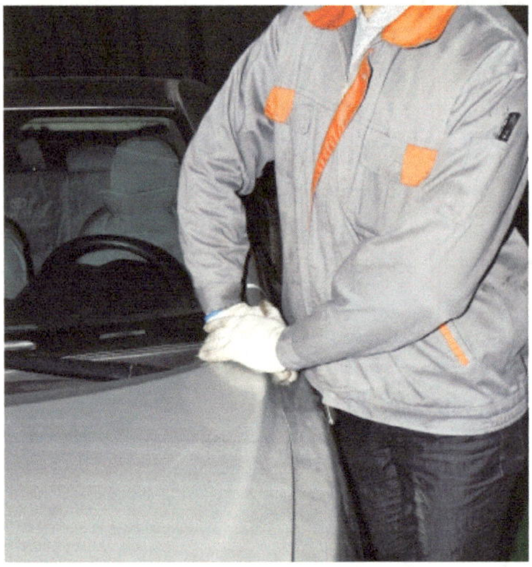	检查悬架减振力：分别用力按压4个减振器部位的车身，观察车身上下晃动的情况，检查减振力是否正常 注意：一般车身晃动二、三次后停止
	检查稳定杆： 1）将车辆举升至合适高度 2）用手摇晃稳定杆及稳定连接杆，检查安装是否有松动 3）检查稳定杆外观有无变形或其他损坏

操作示意图	操 作 方 法
	检查弹簧外观：目视检查螺旋弹簧有无裂纹、断裂等损坏现象
	检查减振器外观：分别目视检查4个减振器有无凹痕、漏油等损坏现象 注意：减振器损坏后只能更换
	拆下车轮： 1）举升车辆至合适高度 2）拆下待检车轮（如果检查备胎，从行李箱取出即可） 3）将车轮放在轮胎架上

操作示意图	操 作 方 法
	检查胎面、胎侧： 1）将车轮至少旋转 1 圈 2）检查胎面、胎侧是否有异常磨损 3）检查胎面、胎侧是否有裂纹和损坏
	检查轮胎花纹槽： 检查轮胎花纹槽是否嵌入异物
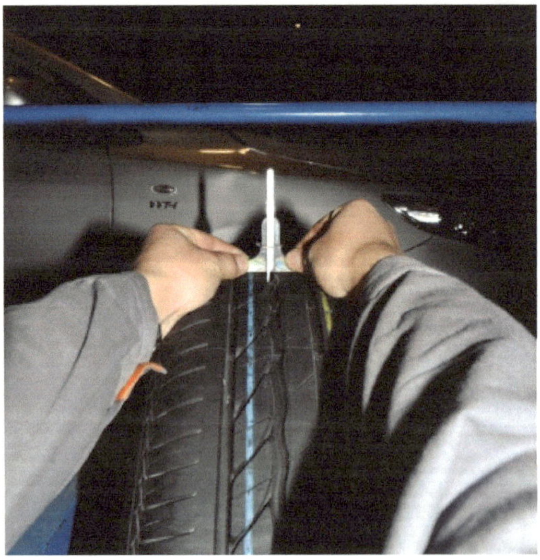	测量轮胎花纹深度： 1）清洁轮胎花纹深度规 2）进行校零 3）沿车轮圆周方向均匀分 3 次测量各沟槽深度 4）读出并记录测量值

操作示意图	操 作 方 法
	检查轮胎气压： 1）清洁轮胎气压表 2）进行校零 3）旋下气门芯帽，接上气压表 4）读出并记录气压数值
	检查气门芯： 1）用刷子在气门芯上涂抹肥皂水 2）观察气门芯有无气泡冒出 3）清洁气门芯 4）旋上气门芯帽
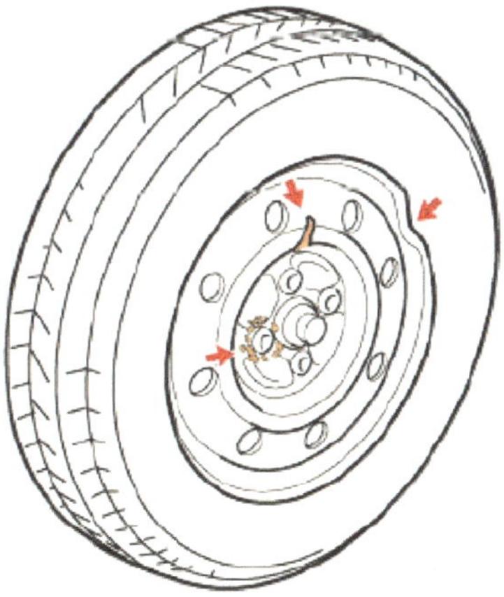	检查轮辋：目视检查轮辋（钢圈）有无变形、腐蚀或损坏 注意：如轮辋变形或损坏严重，需更换

操作示意图	操 作 方 法
	检查底盘螺栓： 使用规定力矩，逐一检查底盘螺栓 注意：查阅车辆维修手册获得各螺栓（螺母）的规定力矩，螺栓如有松动需记录并按规定力矩拧紧，应尽量用力拉，避免冲击动作

5. 转向系统维护

操作示意图	操 作 方 法
	检查转向盘锁止功能： 1）将钥匙转至“LOCK”位并拔出 2）转动转向盘，检查是否能锁止 3）插入钥匙并旋至“ACC”位 4）转动转向盘，检查是否能自由转动 注意：转动钥匙时不能用力过猛，防止拧断
	检查转向盘安装状况： 1）握住转向盘上下晃动，检查有无摆动、松动 2）握住转向盘左右晃动，检查有无摆动、松动

操作示意图	操 作 方 法
	检查转向盘自由行程： 1）起动发动机，回正转向盘 2）车外配合观察车轮状态 3）转动转向盘到车轮开始发生偏转 4）使用直尺测量转向盘的自由行程 注意：转向盘的自由行程应小于 30mm
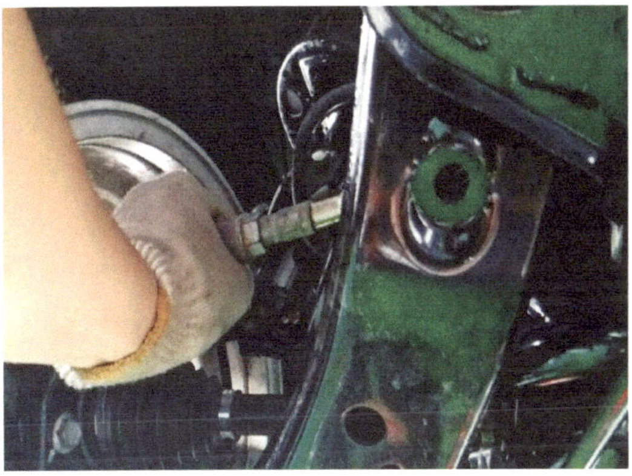	检查转向横拉杆： 1）举升车辆至合适高度 2）检查转向横拉杆有无弯曲、损坏 3）用手上下摇晃转向横拉杆 4）检查转向横拉杆安装有无松动 5）同样检查另一侧转向横拉杆有无弯曲、损坏，安装有无松动
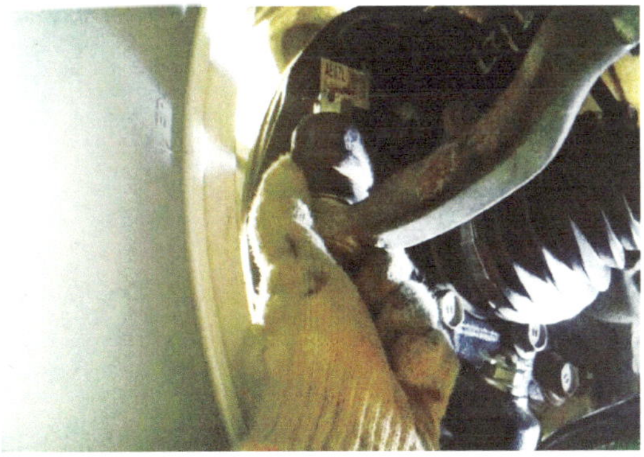	检查横拉杆球头防尘罩： 1）检查球头防尘罩有无老化、开裂 2）检查槽形螺母开口销是否变形、损坏 3）同样检查另一侧防尘罩有无老化、开裂，槽形螺母开口销是否变形、损坏

操作示意图	操 作 方 法
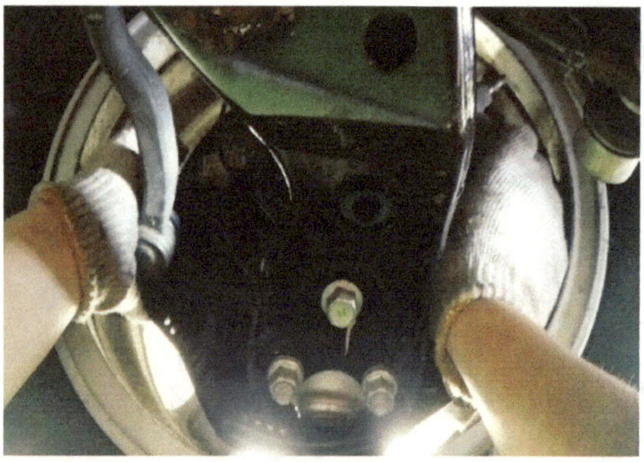	检查转向节： 1）检查转向节有无变形、损坏 2）检查另一侧转向节有无变形、损坏
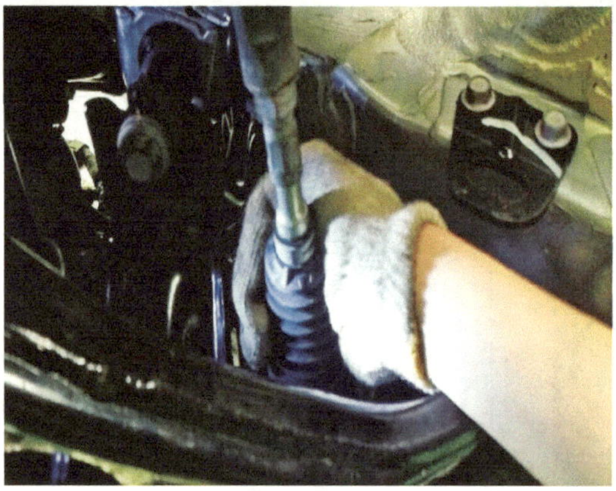	检查转向器防尘罩： 1）检查转向器防尘罩有无开裂、渗漏 2）检查卡箍安装有无松动

6. 车辆、工具复位

操作示意图	操 作 方 法
	1）关闭发动机，取下尾气收集管 2）取下车内、外防护用品 3）车辆复位，清洁车身 4）清洁并整理工具 注意：在操作过程中要体现“5S”管理理念

检测与评价

序　号	作 业 内 容	完 成 情 况
1	车辆防护与预检	
2	拉紧驻车制动器	
3	将变速杆置于 P 位	
4	检查制动液液位	
5	检查制动管有无扭结、磨损、腐蚀或其他损坏	
6	检查制动总泵储液罐、制动管及接头有无泄漏	
7	检查制动管的安装情况	
8	检查驻车制动器拉杆的行程	
9	检查制动器踏板工作时有无松旷和异常噪声	
10	检查制动踏板踩下时的行程和感觉	
11	测量制动踏板的自由行程	
12	测量制动踏板的行程	
13	检查制动助力器的密封性	
14	检查制动助力器的助力功能	
15	检查转向盘和转向柱有无松动	
16	检查转向盘转动时有无摆动	
17	检查转向柱的倾斜调整情况和倾斜调节杆的锁止情况	
18	检查左后减振器的阻尼状态	
19	取出备用轮胎	
20	检查轮胎有无裂纹、损坏和异常磨损	
21	检查胎面有无嵌入金属颗粒或其他异物	
22	检查胎面沟槽的深度（观察磨损标志）	
23	检查钢圈有无变形、损坏或腐蚀	
24	检查轮胎气压	
25	检查轮胎是否漏气	
26	放回备用轮胎	
27	检查车辆后部的倾斜度	
28	检查右后减振器的阻尼状态	
29	检查右前减振器的阻尼状态	
30	检查车身前部的倾斜度	
31	检查左前减振器的阻尼状态	

（续）

序　号	作业内容	完成情况
32	检查变速杆及档位指示灯的工作情况，并将变速杆置于空档	
33	检查左驱动轴护套有无泄漏、裂纹或损坏（外侧）	
34	检查左驱动轴护套有无泄漏、裂纹或损坏（内侧）	
35	检查右驱动轴护套有无泄漏、裂纹或损坏（外侧）	
36	检查右驱动轴护套有无泄漏、裂纹或损坏（内侧）	
37	检查左转向横拉杆有无松旷、变形或损坏	
38	检查左转向横拉杆防尘罩有无裂纹或损坏	
39	检查右转向横拉杆有无松旷、变形或损坏	
40	检查右转向横拉杆防尘罩有无裂纹或损坏	
41	检查制动管和制动软管的接头有无泄漏	
42	检查制动管和制动软管有无扭结、磨损、腐蚀或其他损坏	
43	检查制动管和制动软管的安装情况	
44	检查左下控制臂有无变形、刮伤或其他损坏	
45	检查右下控制臂有无变形、刮伤或其他损坏	
46	检查左前转向节和减振器有无变形、裂纹或其他损坏	
47	检查右前转向节和减振器有无变形、裂纹或其他损坏	
48	检查稳定杆有无松旷、变形或损坏	
49	检查稳定杆左侧连杆有无松旷、变形或损坏	
50	检查稳定杆右侧连杆有无松旷、变形或损坏	
51	检查后桥有无变形、刮伤、裂纹或其他损坏	
52	检查左后减振器有无漏油、变形或损坏	
53	检查右后减振器有无漏油、变形或损坏	
54	检查左后弹簧有无锈蚀、变形或损坏	
55	检查右后弹簧有无锈蚀、变形或损坏	
56	紧固前副车架与车身连接螺栓（后部）	
57	紧固后桥托架与车身连接螺栓（内侧）	
58	紧固左后减振器下螺栓	
59	紧固右后减振器下螺栓	
60	检查左前减振器有无漏油	
61	检查左前减振器弹簧有无锈蚀、变形或损坏	
62	检查左前车轮轴承有无松旷或旋转噪声	
63	检查左后车轮轴承有无松旷或旋转噪声	
64	检查右后车轮轴承有无松旷或旋转噪声	

（续）

序　号	作 业 内 容	完 成 情 况
65	检查右前减振器有无漏油	
66	检查右前减振器弹簧有无锈蚀、变形或损坏	
67	检查右前车轮轴承有无松旷或旋转噪声	
68	拆卸左前车轮	
69	检查左前车轮制动钳相对于制动钳托架有无松旷	
70	拆卸并检查左前车轮制动钳壳体有无裂纹或损坏	
71	检查左前车轮制动钳活塞有无制动液泄漏	
72	拆卸并检查左前车轮制动片固定弹簧有无变形、裂纹或损坏	
73	检查左前车轮制动钳安装托架有无变形或损坏	
74	检查左前车轮制动钳导销是否松旷，导销护套有无裂纹或损坏	
75	测量并记录左前车轮制动片厚度（内侧）	
76	测量并记录左前车轮制动片厚度（外侧）	
77	目视检查左前车轮制动盘有无裂纹、沟槽或损坏	
78	测量并记录制动盘厚度及偏差	
79	测量并记录制动盘横向跳动量	
80	安装左前车轮制动片固定弹簧、制动片和制动钳	
81	安装左前车轮并预紧固	

任务四　电器、仪表的二级维护

学习目标

1. 知识目标

1）掌握车内外照明灯及信号灯的功用。

2）掌握喷洗器与刮水器的功用。

2. 技能目标

1）能对车内外照明灯进行检查与维护。

2）能对喷洗器和刮水器进行检查与维护。

3. 素养目标

1）具备“5S”规范管理意识。

2）具有科学探索的精神和创新意识。

3）具备专业信息检索能力。

知识储备

一、功用

1. 阅读灯

阅读灯位于前排或后排乘员或驾驶人上方，主要是提高车内明亮度，来方便乘员和驾驶人。按下相应的按钮可打开或关闭阅读灯，如图 3-16 所示。

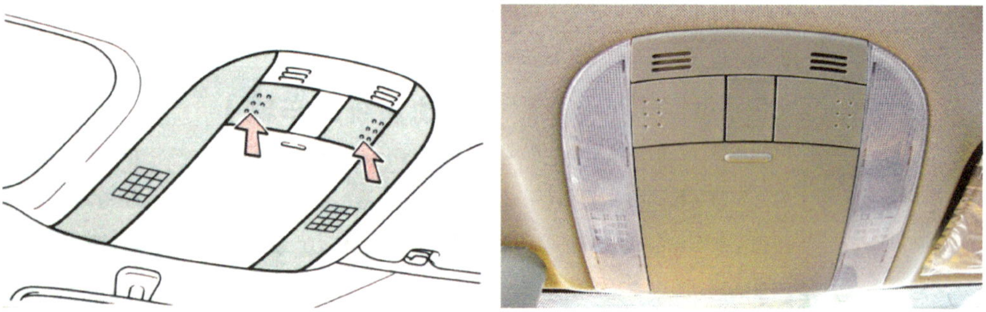

图 3-16 阅读灯

2. 车厢灯

车厢灯位于前排或车厢中部的厢顶部，主要是提高车内明亮度，来方便乘员和驾驶人。滑移开关可打开或关闭车厢灯，如图 3-17 所示。门控灯开关如图 3-18 所示。

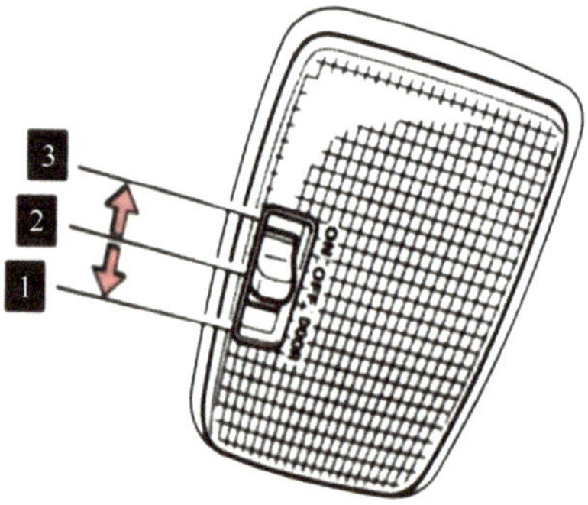

图 3-17 车厢灯

1—车门关联档 2—关闭 3—打开

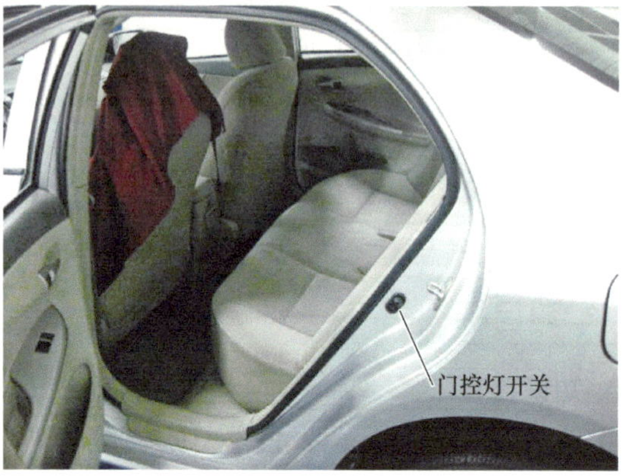

图 3-18 门控灯开关

3. 行李舱灯

行李舱灯位于行李舱内部的一侧，主要是提高行李舱明亮度，来方便驾驶人在晚间或光线不足情况下存取物品。行李舱灯开关如图 3-19 所示。

4. 仪表板上的指示标记灯

仪表板上的指示标记灯有多种颜色，一般来讲，黄色灯表示车辆可以运行，但要尽快去检查维护；红色灯表示车辆现在处于危险状态，要立即停车检查；其他颜色灯，如绿色、蓝色灯等仅表示一些指示作用。仪表板上常见的指示灯及含义如图 3-20 所示。

5. 灯光组合开关

将灯光组合开关向上旋到“1”档，示宽灯、仪表照明灯、尾灯和牌照灯应亮起；向上旋到“2”档，前照灯和上述所有灯光都打开，如图 3-21 所示。

在能见度低的情况下，打开这些灯将起到警示的作用，同时还能方便驾驶人看清仪表板。

图 3-19　行李舱灯开关

	制动系统警告		车门开放警告灯
	座位安全带扣提示灯		SRS警告灯
	充电系统警告灯		尾灯指示灯
	机油低压警告灯		前照灯远光指示灯
	功能故障指示灯		转向信号指示灯
	低燃油位警告灯		前雾灯指示灯
	防抱死制动系统警告灯		后雾灯指示灯

图 3-20　仪表板上常见的指示灯及含义

6. 前照灯

将灯光组合开关向上旋动两档，如图 3-22 所示，近光灯及其指示灯应亮起；按位置“1”所示下压灯光组合开关，远光灯及其指示灯应亮起。如果在近光灯打开的情况下，按位置“3”所示上拉灯光组合开关，前照灯变光器应工作正常（远近光切换），如图 3-23 所示，仪表板上指示灯也应点亮。

前照灯可提高在夜间行车的能见度，远近光切换可起到提示或警示的作用。对于前照灯的使用，有严格的要求，驾驶人应按照交通法规规范操作，以避免交通事故，如夜间会车时，应切换成近光等。

7. 前后雾灯

在示宽灯打开的情况下，将灯光组合开关内侧的雾灯旋钮向前旋一档，则前雾灯及仪表板上前雾灯指示灯亮起；在前雾灯亮起的前提下，将灯光组合开关内侧的雾灯旋钮向前再旋一档后放松，则后雾灯及仪表板上后雾灯指示灯亮起，如图 3-24 所示。

在雨雾天气，打开前后雾灯，起到提高能见度和警示的作用。

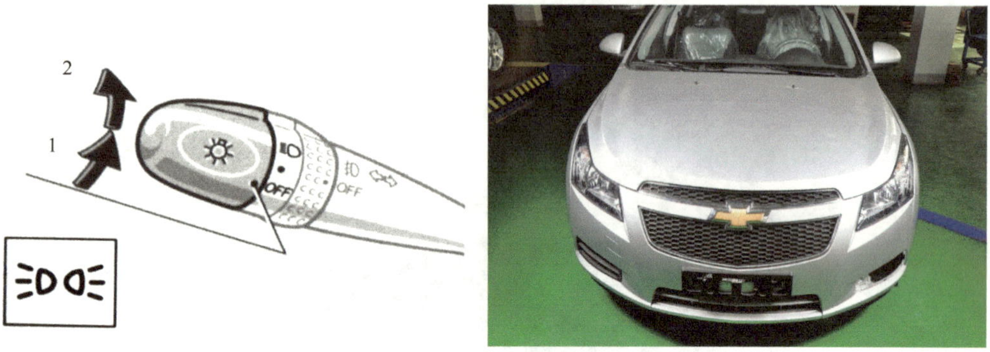

图 3-21　灯光组合开关

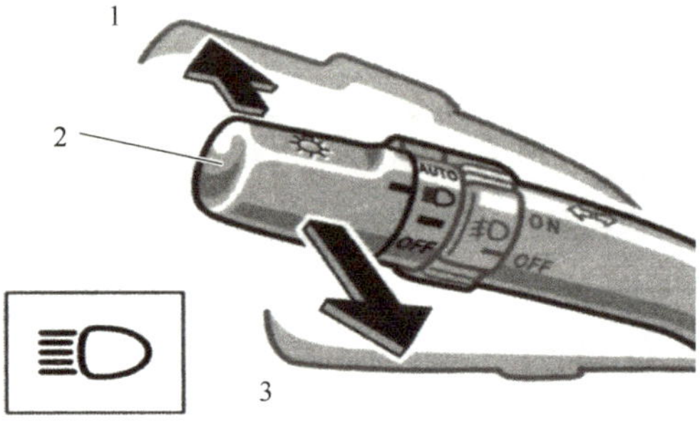

图 3-22　近光灯

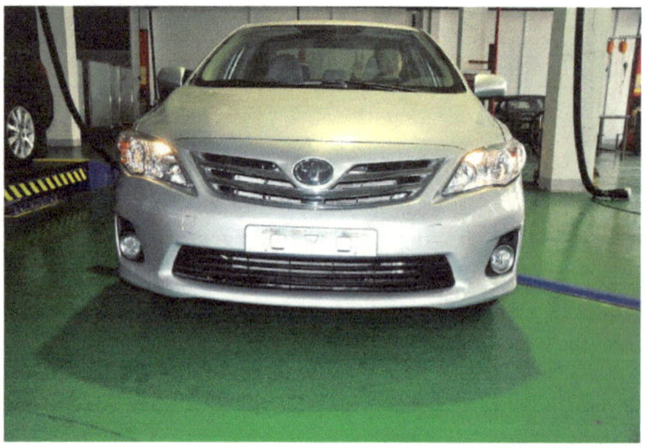

图 3-23　远光灯

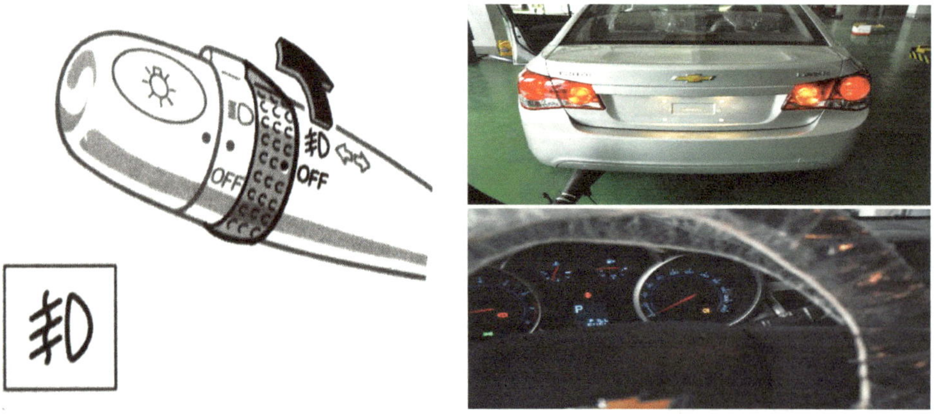

图 3-24　前后雾灯

8. 倒车灯

将手动变速器置于倒档或自动变速器置于 R 位，倒车灯应亮起，如图 3-25 所示。

在倒车时，倒车灯能提高车后视线范围，并对车后的行人或车辆起到警示作用。

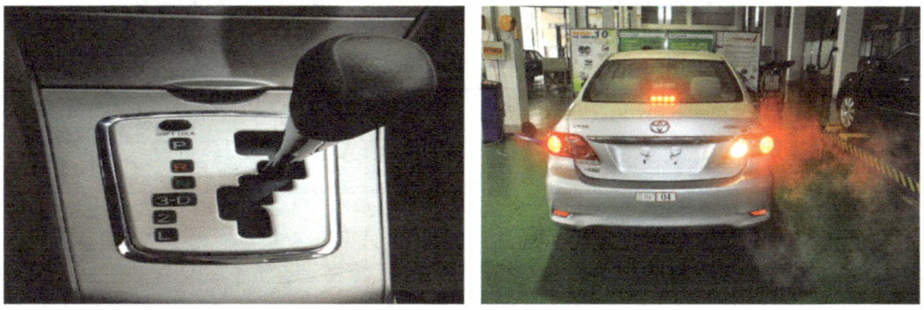

图 3-25　倒车灯

9. 制动灯

踩踏制动踏板时，制动灯及高位制动灯应亮起。在进行车辆制动时，制动灯点亮，将对车后的车辆或行人起到警示作用，避免追尾事故的发生。

10. 喷洗器

为了清除风窗玻璃上的灰尘，汽车都会配有喷水装置，称为喷洗器。喷洗器控制杆如图 3-26 所示。

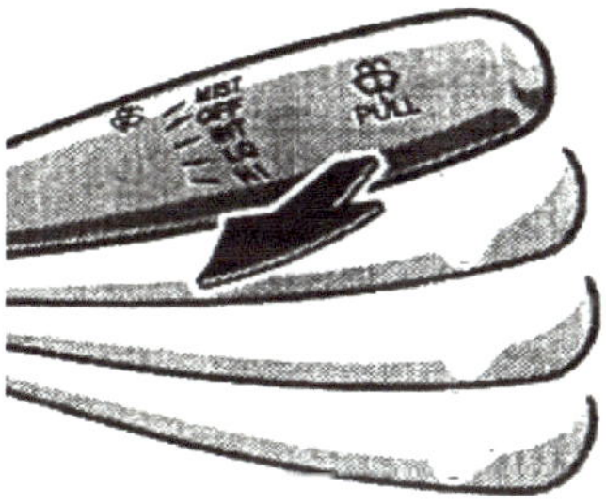

图 3-26　喷洗器控制杆

二、维护项目

电器、仪表的二级维护项目如下：

1）车内外灯光功能、外观检查。

2）喷洗器液位、功能和喷射位置检查。

3）刮水器功能、状况和复位功能检查。

任务实施

一、设备

整车、工作台、废气抽排装置和空气压缩机。

二、工具

车轮挡块、地板垫、座椅套、转向盘套、翼子板布、前格栅布、气枪和抹布若干。

三、实施步骤

灯光的检查　　刮水器的检查

1. 工具准备

操作示意图	操 作 方 法
	1）将所需工具摆放到位 2）工具要齐全，摆放要整齐

2. 车辆防护与预检

操作示意图	操 作 方 法
	1）安装车轮挡块，安装车内防护三件套 2）拉起驻车制动器，降下驾驶人侧车窗玻璃，拉发动机舱盖释放杆 3）打开发动机舱盖，安装翼子板布和前格栅布 4）进行车辆预检

3. 检查阅读灯

操作示意图	操 作 方 法
	分别按下两个阅读灯开关，阅读灯都应能点亮

4. 检查车厢灯

操作示意图	操 作 方 法
	1）将开关拨至“ON”位，车厢灯能点亮 2）关闭所有车门，将开关拨至“DOOR”位，车厢灯不亮 3）逐一打开各扇车门，车厢灯能点亮，关闭车门后，能延时熄灭

5. 检查行李舱灯

操作示意图	操 作 方 法
	拉行李舱盖释放杆，打开行李舱，行李舱灯应能点亮

6. 检查仪表灯、示宽灯及牌照灯

操作示意图	操 作 方 法
	1）起动发动机，灯光组合开关向上旋到“1”档 2）检查仪表灯是否点亮 3）检查示宽灯是否点亮 4）检查牌照灯是否点亮 5）检查尾灯是否点亮 6）检查尾灯有无松动 7）检查尾灯壳体有无开裂、油污和起雾等现象

7. 检查前照灯

操作示意图	操 作 方 法
	1）将组合开关旋到“2”档 2）检查近光灯及指示灯是否点亮 3）检查远光灯及指示灯是否点亮 4）检查变光器是否正常 5）检查前照灯有无松动 6）检查前照灯壳体有无开裂、油污和起雾等现象

8. 检查前后雾灯

操作示意图	操 作 方 法
 	1）检查前雾灯及指示灯是否点亮 2）检查后雾灯及指示灯是否点亮

9. 检查转向及危险警告灯

操作示意图	操 作 方 法
	1）检查左转向灯及指示灯是否点亮 2）检查右转向灯及指示灯是否点亮 3）检查危险警告灯及指示灯是否点亮

10. 检查制动灯

操作示意图	操 作 方 法
	检查制动灯及高位制动灯是否点亮

11. 检查倒车灯

操作示意图	操 作 方 法
	检查倒车灯是否点亮

12. 检查喷洗器功能

操作示意图	操 作 方 法
	1）收翼子板布和前格栅布，并关闭发动机舱盖 2）起动发动机 3）上拉一下喷洗器控制杆，检查清洗液喷出是否正常 4）检查刮水器联动功能是否正常

13. 检查喷洗器喷射压力

操作示意图	操 作 方 法
	检查喷射压力是否正常

14. 检查喷洗器喷射位置

操作示意图	操 作 方 法
	检查喷射位置是否在刮水器的工作区域内

15. 检查刮水器各档功能

操作示意图	操 作 方 法
	1）检查间歇档是否正常 2）检查低速档是否正常 3）检查高速档是否正常

16. 检查刮水器刮拭效果

操作示意图	操 作 方 法
	检查刮水器在各档位下的刮水效果是否良好

17. 检查刮水器回位功能

操作示意图	操 作 方 法
	1）关闭刮水器 2）检查刮片是否停止在最下位置

<table>
<tr><td colspan="2">18. 车辆、工具复位</td></tr>
<tr><th>操作示意图</th><th>操 作 方 法</th></tr>
<tr><td>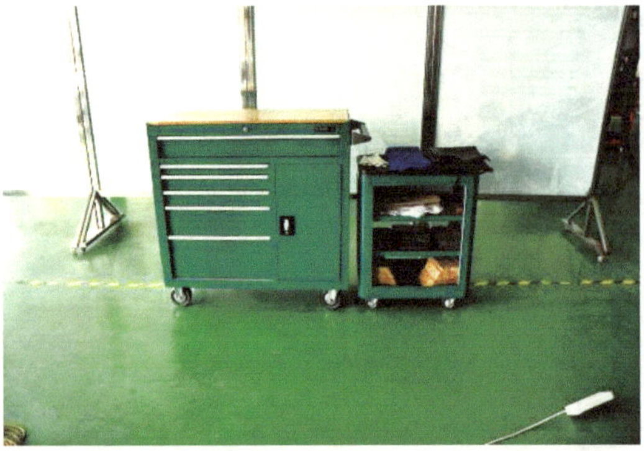</td><td>1）关闭发动机，取下尾气收集管
2）取下车内、外防护用品
3）车辆复位，清洁车身
4）清洁并整理工具
注意：在操作过程中要体现“5S”管理理念</td></tr>
</table>

知识拓展

电子节气门的类型分为电液式、线性电磁铁式、步进电动机式和直流伺服电动机式。

1. 电液式

电液式节气门具有结构简单、成本低、驱动力大和功耗低等特性。但是由于液压系统存在供油压力波动，导致其位置响应不精确，速度响应慢。因此，电液式电子节气门很少运用于汽车。

2. 线性电磁铁式

它用电磁力作为驱动力，具有结构简单、体积小、控制方便、响应速度快、稳态精度好，但在一定的工作负荷下所需的电功耗相对较大。因此，线性电磁铁式电子节气门很少在汽车上应用。

3. 步进电动机式

步进电动机式节气门通过步进电动机直接驱动节气门轴实现加速踏板的开度控制，具有结构简单、可靠性高和成本低的优点，但控制精度不高。因此，步进电动机式电子节气门也较少在汽车上应用。

4. 直流伺服电动机式

直流伺服电动机的特点是频率高、效率高、功率密度高、可靠性高，电动机输出转矩和脉宽调制信号的占空比成正比。所以，直流伺服电动机式电子节气门广泛应用于电子节气门的控制。

检测与评价

序 号	作 业 内 容	完 成 情 况
1	安装车轮挡块	
2	安装车内防护	
3	拉起驻车制动器，降下驾驶室车窗玻璃	
4	打开发动机舱盖	

（续）

序　号	作 业 内 容	完 成 情 况
5	安装车外防护	
6	检查阅读灯是否正常	
7	检查车厢灯及门控关联功能是否正常	
8	检查行李舱灯是否正常	
9	收起翼子板布和前格栅布，并关闭发动机舱盖	
10	起动发动机	
11	检查仪表照明灯是否正常	
12	检查示宽灯是否正常	
13	检查牌照灯是否正常	
14	检查尾灯是否正常	
15	检查尾灯总成安装有无松动	
16	检查尾灯壳体有无开裂、油污、内部起雾等现象	
17	检查近光灯及指示灯是否正常	
18	检查远光灯及指示灯是否正常	
19	检查前照灯变光器是否正常	
20	检查前照灯总成安装有无松动	
21	检查前照灯壳体有无开裂、油污、内部起雾等现象	
22	检查前雾灯是否正常	
23	检查后雾灯是否正常	
24	检查左右转向灯是否正常	
25	检查危险警告灯是否正常	
26	检查制动灯是否正常	
27	检查高位制动灯是否正常	
28	检查倒车灯是否正常	
29	检查喷洗器的喷射功能是否正常	
30	检查刮水器的联动功能是否正常	
31	检查喷洗器的喷射压力是否正常	
32	检查喷洗器的喷射位置是否正常	
33	检查刮水器的各档位功能是否正常	
34	检查刮水器刮拭效果是否良好	
35	检查刮水器停止位置是否正常	
36	关闭发动机，取下尾气收集管	
37	车辆复位清洁	
38	工具及场地“5S”管理	

任务五 二级维护的竣工检验

学习目标

1. 知识目标

1）掌握二级维护竣工检验的项目。

2）掌握二级维护竣工检验的技术要求。

2. 技能目标

1）熟悉二级维护竣工检验单。

2）能根据工单完成二级维护竣工检验。

3. 素养目标

1）具备“质量为先”的检验意识。

2）具备专业信息检索能力。

3）具备与客户进行良好沟通的能力。

4）具有良好的团队协作意识。

任务实施

汽车二级维护做完后，要进行竣工质量检验，常用的汽车二级维护竣工质量检验单见下表。

二级维护竣工质量检验单

托修方			车牌号		车型	
外观状况	项目	评价	项目	评价	项目	评价
	清洁		发动机装备		离合器	
	紧固		转向机构		变速器、传动轴、主减速器	
	润滑		轮胎		牵引连接装置和锁止机构	
	密封		悬架		前照灯	
	附属设施		减振器		信号指示装置	
	发动机工作状况		车桥		仪表	
故障诊断	车载诊断系统（OBD）故障信息	□无	□有	故障信息描述：		评价：

（续）

性能检测					
转向盘最大自由转动量/(°)		评价：	转向轮横向侧滑量/(m/km)	第一转向轴：	评价：
				第二转向轴：	评价：

制动性能			车轴	一轴	二轴	三轴	四轴	五轴	六轴
台架	轴制动率/%	结果							
		评价							
	制动不平衡率/%	结果							
		评价							
	整车参数	项目	整车制动率/%			驻车制动率/%			
		结果							
		评价							
路试	初速度/(km/h)	参数	制动距离/m		MFDD/(m/s²)		制动稳定性		
		结果							
		评价							

前照灯性能	参数	灯高/mm	远光光强/cd		远光偏移/(mm/10m)				近光偏移/(mm/10m)			
			结果/cd	评价	垂直	评价	水平	评价	垂直	评价	水平	评价
	左外											
	左内											
	右外											
	右内											

排气污染物				
汽油车	怠速	CO/%	HC/×10⁻⁶：	评价：
	高怠速	CO/%	HC/×10⁻⁶：	评价：
柴油车	自由加速	光吸收系数/m⁻¹：① ② ③	平均/m⁻¹：	评价：
		烟度值/BSU：① ② ③	平均/BSU：	评价：

检验结论：

检验员签字： 年 月 日

注 1. 检验数据在“结果”栏填写。合格在“评价”栏划“○”，不合格在“评价”栏划“×”，无此项目填“—”。

2. 制动性能检验选择“台架”或“路试”。路试制动性能采用［制动距离］或［充分发出的平均减速度MFDD］评价。

汽车二级维护竣工质量检验考核评分表

单位　　　姓名　　　准考证号　　　考试日期　　　成绩

规定时间	15min	起止时间		实用时间	
评分项目	评分标准				得分
内容一 静态检查 （60分）	1. 安全项目错误的，每项扣10分，其余项目扣5分 2. 技术参数不正确的每项扣5分 3. 检查方法不当，每项扣5分 4. 未检验出不合格项目，每项扣10分				

（续）

规定时间	15min	起止时间		实用时间	
评分项目	评分标准				得分
内容二 电气设备检查 （40分）	1. 技术参数不正确的每项扣5分 2. 检查方法不当，每项扣5分 3. 未检验出不合格项目，每项扣10分				

考评员__________ __________ ____年___月___日

附录　常见车型的二级维护

附录 A　丰田卡罗拉轿车的二级维护

一、维护作业流程

编号	1	2	3	4	5	6	7	8	9
顶起位置	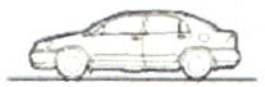		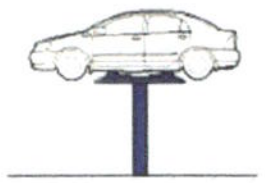	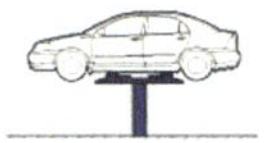		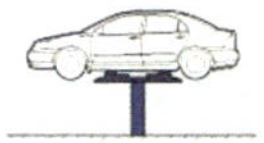		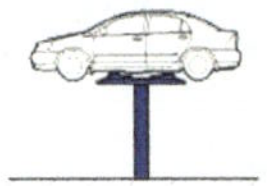	
检查	车灯	球节	发动机润滑油（排放）	车轮轴承	制动器拖滞	车轮的安装	发动机润滑油（加注）	复检	清洁每个部件
	风窗玻璃喷洗器		M/T 油	拆卸车轮			发动机冷却液		
	风窗玻璃刮水器		A/T 液	轮胎			散热器盖		
	喇叭		驱动轴护套	鼓式制动器			传动带		
	驻车制动器		转向连接机构	盘式制动器			火花塞		
	制动器		手动转向机				蓄电池		
	离合器		发动机润滑油排放螺栓				制动液		
	转向盘		动力转向液				制动管路		

（续）

编号	1	2	3	4	5	6	7	8	9
	门控灯开关		制动管路				离合器液		
	车门的螺母和螺栓		燃油管路				空气滤清器		
	燃油箱盖		排气管和安装件				炭罐		
	尾箱内部工具、灯光		发动机机油滤清器				前减振器上支撑螺母		
	备用轮胎		螺母和螺栓（车辆下）				喷洗液		
	座椅、安全带		悬架				轮毂螺母上紧		
			轮胎				PCV 系统		
							怠速混合气		
							A/T 液		
							空调		
							动力转向液		
							燃油滤清器		

二、定期维护项目

以下是顶起位置 1	
预检工作	
1	前风窗玻璃刮水器-检查工作情况（低速）
2	前风窗玻璃刮水器-检查工作情况（高速）
3	前风窗玻璃刮水器-检查自动回位位置
4	前风窗玻璃刮水器-检查刮拭状况
5	左右喇叭-检查工作情况
6	驻车制动器-检查驻车制动杆行程
7	（驻车制动杆行程调整）
8	驻车制动器-检查驻车制动器指示灯点亮
9	制动器-检查制动器踏板应用状况响应性
10	制动器-检查制动器踏板应用状况（完全踩下）
11	制动器-检查制动器踏板应用状况（异常噪声）
12	制动器-检查制动器踏板应用状况（过度松动）
13	制动器-测量制动踏板高度
14	（制动踏板高度调整）
15	制动器-测量制动器踏板自由行程
16	制动器-测量制动踏板行程余量
17	制动器-检查制动助力器工作情况
18	制动器-检查制动助力器气密性
19	制动器-检查制动助力器真空功能
20	离合器-检查总泵液体泄漏
21	离合器-检查离合器踏板状况（踏板回弹无力）
22	离合器-检查离合器踏板状况（异常噪声）
23	离合器-检查离合器踏板状况（过度松动）
24	离合器-检查离合器踏板状况（踏板沉重感觉）
25	离合器-测量离合器踏板高度
26	（离合器踏板高度调整）
27	离合器-测量离合器踏板自由行程
28	（离合器踏板自由行程调整）
29	离合器-测量离合器分离点
30	离合器-检查离合器磨损、噪声和沉重度
31	转向盘-测量自由行程
32	转向盘-检查松弛和摆动
33	转向盘-检查点火开关 ACC 位置时，转向盘可否自由移动
34	外部检查准备-打开行李舱门
35	外部检查准备-打开燃油盖
36	外部检查准备-将顶灯开关旋至 DOOR
37	外部检查准备-将变速杆置于空档
38	外部检查准备-释放驻车制动器
左前车门	
39	门控灯开关-检查工作情况（顶灯和指示灯工作情况）
40	检查座椅安全带的螺栓和螺母是否松动
41	检查座椅的螺栓和螺母是否松动
42	检查车门的螺栓和螺母是否松动
左后车门	
43	门控灯开关-检查工作情况（顶灯和指示灯工作情况）
44	检查座椅安全带的螺栓和螺母是否松动（包括中间座椅）
45	检查座椅的螺栓和螺母是否松动（包括中间座椅）
46	检查车门的螺栓和螺母是否松动
油箱盖	
47	检查是否变形和损坏
48	检查连接状况
49	检查力矩限制器工作情况
后部	
50	左右车灯-检查安装状况
51	左右车灯-检查是否损坏和有无污垢
52	备用轮胎-检查是否有裂纹和损坏
53	备用轮胎-检查是否嵌入金属颗粒或其他异物
54	备用轮胎-测量胎面沟槽深度（测量规）
55	备用轮胎-检查是否有异常磨损
56	备用轮胎-检查气压
57	备用轮胎-检查是否漏气
58	备用轮胎-检查轮辋是否损坏或腐蚀
59	检查行李厢门的螺栓和螺母是否松动
60	左右后悬架-检查减振器的阻尼状态
61	左右后悬架-检查车辆倾斜度

（续）

右后车门		87	检查润滑脂是否有渗漏（外侧）
62	门控灯开关-检查工作情况（顶灯和指示灯工作情况）	88	检查润滑脂是否有渗漏（内侧）
		左右转向连接机构	
63	检查座椅安全带的螺栓和螺母是否松动	89	检查是否松动和摇摆
64	检查座椅的螺栓和螺母是否松动	90	检查是否弯曲和损坏
65	检查车门的螺栓和螺母是否松动	91	检查防尘套是否有裂纹和损坏
右前车门		手动转向机	
66	门控灯开关-检查工作情况（顶灯和指示灯工作情况）	92	检查有无油脂的渗漏
		动力转向液（齿条和小齿轮垫）	
67	检查座椅安全带的螺栓和螺母是否松动	93	检查是否泄漏（齿轮箱）
68	检查座椅的螺栓和螺母是否松动	94	检查是否泄漏（PS 叶轮泵）
69	检查车门的螺栓和螺母是否松动	95	检查是否泄漏（液体管路和接头处）
前部		96	检查动力转向软管是否有裂纹或其他损坏
70	左右悬架-检查减振器的阻尼状态	制动管路	
71	左右悬架-检查车辆倾斜度	97	检查是否泄漏
72	左右灯-检查安装状况	98	检查制动管路上的压痕或其他损坏
73	左右灯-检查是否损坏和有无污垢	99	检查制动管路软管扭曲、裂纹和凸起
74	检查发动机舱盖的螺栓和螺母是否松动	100	检查制动器管道和软管的安装状况（松旷）
75	发动机舱-拆卸润滑油加注口盖	燃油管路	
以下是顶起位置 2		101	检查燃油是否泄漏
球节		102	检查燃油管路是否损坏
76	检查垂直游隙	排气管和安装件	
77	检查防尘罩是否损坏	103	检查排气管是否损坏
以下是顶起位置 3		104	检查消声器是否损坏
底盘		105	检查排气管吊挂及 O 形圈是否损坏或脱落
发动机润滑油（排放）		106	检查密封垫片是否损坏
78	检查是否漏油（发动机各部位的配合表面）	107	检查排气管是否泄漏
79	检查是否漏油（油封）	左右悬架	
80	检查是否漏油（排放螺栓）	108	检查是否损坏（前转向节）
81	排放发动机润滑油	109	检查是否损坏（后转向节）
传动带		110	检查是否损坏（前减振器）
82	检查是否变形	111	检查是否损坏（后减振器）
83	检查是否损坏（磨损、裂纹、脱层或其他损坏）	112	检查是否泄漏（前减振器）
84	检查安装状况（传动带张力检查）	113	检查是否泄漏（后减振器）
左右驱动轴护套		114	检查是否损坏（前减振器螺旋弹簧）
85	检查是否有裂纹、损坏（外侧）	115	检查是否损坏（后减振器螺旋弹簧）
86	检查是否有裂纹、损坏（内侧）	116	检查是否损坏（下臂）

（续）

117	（钢板弹簧和力矩杆弹簧是否损坏）
118	检查是否损坏（稳定杆）
119	检查是否损坏（托臂和后桥）
120	检查前悬架接头连接杆是否摆动
121	检查后悬架接头连接杆是否摆动
122	（钢板弹簧是否松动）
机油滤清器	
123	更换发动机机油滤清器及排放螺栓衬垫
124	安装紧固排放螺栓
螺母和螺栓（车辆底部）	
125	中间梁×车身
126	下臂×横梁
127	球节×下臂
128	横梁×车身
129	下臂×横梁
130	中间梁×横梁
131	盘式制动器力矩板×转向节
132	球节×转向节
133	减振器×转向节
134	稳定杆连接杆×减振器
135	稳定杆×稳定杆连接杆
136	转向机壳×横梁
137	稳定杆×车身
138	横拉杆端头锁止螺母
139	横拉杆端头×转向节
140	拖臂和桥梁×车身
141	拖臂和桥梁×后桥轮毂
142	制动分泵×背板
143	稳定杆×拖臂和桥梁
144	减振器×拖臂和桥梁
145	减振器×车身
146	排气管
147	燃油箱
以下是顶起位置 4	
制动系统	
车轮轴承	
148	检查有无摆动
149	检查转动状况和噪声
150	拆卸车轮
轮胎	
151	检查是否有裂纹和损坏
152	检查是否嵌入金属碎片和异物
153	测量轮胎沟槽深度
154	检查轮胎异常磨损
155	测量轮胎气压
156	检查轮胎是否漏气
157	检查轮辋是否损坏
盘式制动器	
158	目视检查制动器摩擦片厚度（内侧）
159	测量制动器摩擦片厚度（外侧）
160	检查制动器摩擦片的不均匀磨损
161	（更换制动器摩擦片）
162	检查盘式转子盘磨损和损坏
163	盘式转子盘厚度检查
164	盘式转子盘跳动量检查
165	检查制动卡钳处有无制动液泄漏
166	轮胎-车轮临时安装
以下是顶起位置 5	
驾驶人座椅	
167	检查制动踏板和杆（拖滞检查准备工作）
每个轮胎位置	
168	检查制动器是否拖滞
发动机舱	
169	制动液更换器安装
以下是顶起位置 6	
每个轮胎位置	
170	制动液更换
以下是顶起位置 7	
171	使用驻车制动器并放置车轮挡块
172	润滑油-加注发动机润滑油
173	冷却液-排放发动机冷却液
174	冷却液-加注发动机冷却液
175	散热器盖-测量阀门开启压力
176	散热器盖-检查真空阀工作情况

（续）

177	散热器盖-检查橡胶密封件是否有裂纹和其他损坏	205	发动机冷却液-检查从散热器是否有泄漏
		206	发动机冷却液-检查橡胶软管是否泄漏
178	传动带-检查是否变形	207	发动机冷却液-检查软管夹周围是否泄漏
179	传动带-检查是否损坏（磨损、裂纹、脱层或其他损坏）	208	发动机冷却液-检查散热器盖是否泄漏
		209	发动机冷却液-检查橡胶软管是否有裂纹、凸起和硬化
180	传动带-检查安装状况		
181	火花塞-更换	210	发动机冷却液-检查橡胶软管连接是否松动
182	火花塞-（检查）	211	发动机冷却液-检查夹箍安装是否松动
183	火花塞-（间隙调整）	发动机暖机后（运转）	
184	蓄电池-检查电解液液位	212	自动驱动桥-检查液位
185	蓄电池-检查蓄电池盒损坏	213	空调-检查制冷剂量（从观察窗检查）
186	蓄电池-检查蓄电池端子腐蚀	214	发动机冷却液-检查冷却液液位（目测储液罐）
187	蓄电池-检查蓄电池端子导线松动	215	发动机冷却液-检查是否有液体泄漏
188	蓄电池-检查通风孔塞损坏、孔堵塞	发动机停机后	
189	蓄电池-（测量电解液密度）	216	动力转向液-测量液位（与发动机转动时的差别）
190	制动液-检查总泵内液面（储液罐）	217	发动机润滑油-检查发动机润滑油位(按照当时温度)
191	制动液-检查总泵是否泄漏	218	调整气门间隙
192	制动管路-检查液体是否泄漏	219	空调-检查制冷剂是否有泄漏
193	制动管路-检查制动器管和软管是否有裂纹和损坏	220	冷却液-检查冷却液液位（散热器）
		221	冷却液-检查冷却液液位（储液罐）
194	制动管路-检查制动器软管和管的安装状况	222	燃油滤清器-更换
195	离合器液-检查总泵（储液罐）内液位	以下是顶起位置 8	
196	离合器液-检查离合器各个零件的液体是否泄漏	最终检查	
197	空气滤清器芯-检查并更换	223	发动机润滑油是否泄露
198	活性炭罐-检查是否损坏	224	制动器液是否泄漏
199	活性炭罐-检查止回阀的工作情况	225	更换零件等的安装状况
200	前减振器的上支承-检查前减振器上支承的松动	以下是顶起位置 9	
201	喷洗液-检查液位（目视即可）	恢复/清洁	
发动机暖机期间		226	拆卸翼子板布和前格栅布
202	轮毂螺母的再紧固-旋紧车轮	227	清洁车身、车身内部、烟灰缸等
203	PCV 系统-检查 PCV 阀的工作情况	228	调整收音机、时钟、座椅位置等
204	PCV 系统-检查软管是否有裂纹和损坏		

附录 B　雪佛兰科鲁兹轿车的二级维护

一、维护作业流程

编号	1	2	3	4	5	6
顶起位置	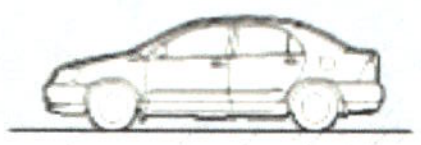	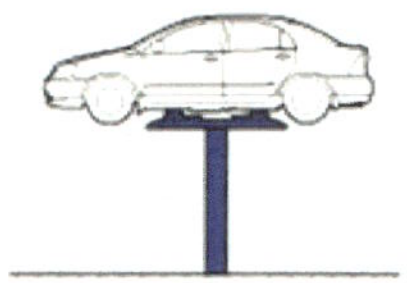	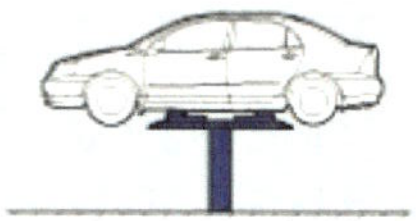		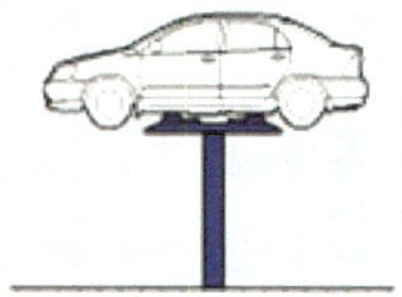	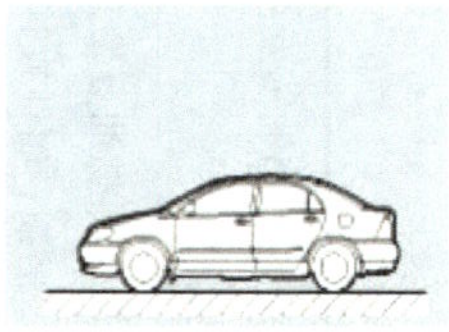
主要作业内容	发动机冷却、润滑、燃油供给和燃油蒸发的泄漏、损坏、安装检查	发动机冷却、润滑、燃油供给和燃油蒸发的泄漏、损坏、安装检查	前减振器泄漏检查	紧固车轮螺母	润滑油泄漏检查	尾气分析仪归位
	灯光、仪表、刮水器、洗涤器、蓄电池电压检查	排放润滑油	车轮轴承松旷及旋转噪声检查	更换机油滤清器、空气滤清器	制动液泄漏检查	检查发动机润滑油液位
	转向柱倾斜、伸缩检查	转向横拉杆、稳定杆检查	左前车轮及制动器拆装	冷却液冰点检查		工具设备归位
	制动踏板行程检查	驱动轴检查	制动片厚度检查	玻璃升降器检查		
	制动助力器性能检查	前悬架检查	制动盘厚度及偏差检查	后视镜检查		车身防护用品归位
	发动机舱盖、油箱盖、行李舱盖、车门检查	后悬架检查	制动盘横向摆动量检查	蓄电池充电电压检查		车身内外清洁
	驾驶人座椅、安全带检查	排气系统检查		尾气排放检测		
	备用轮胎检查	副车架、后减振器紧固				

二、定期维护项目

以下是顶起位置1	
1	检查作业-作业准备-起动尾气分析仪
2	检查作业-作业准备-安装座椅套
3	检查作业-作业准备-安装地板垫
4	检查作业-作业准备-安装转向盘套
5	检查作业-作业准备-拉紧驻车制动器
6	检查作业-作业准备-将变速杆置于P位
7	检查作业-作业准备-拉起发动机舱盖主锁闩释放拉线把手
8	检查作业-作业准备-打开发动机舱盖
9	检查作业-作业准备-安装翼子板布
10	检查作业-作业准备-安装前格栅布
11	检查作业-作业准备-安装车轮挡块（可以用举升机部分顶起车辆）
12	检查作业-发动机冷却系统-检查发动机冷却液液位
13	检查作业-发动机冷却系统-检查冷却水管及接头有无泄漏
14	检查作业-发动机冷却系统-检查软管夹箍有无损坏和松动
15	检查作业-发动机冷却系统-检查软管有无磨损、裂纹、凸起、硬化或其他损坏
16	检查作业-制动系统-检查制动液液位
17	检查作业-制动系统-检查制动总泵储液罐、制动管及接头有无泄漏
18	检查作业-制动系统-检查制动管有无扭结、磨损、腐蚀或其他损坏
19	检查作业-制动系统-检查制动管的安装情况
20	检查作业-燃油供给系统-检查燃油管路及接头有无泄漏
21	检查作业-燃油供给系统-检查燃油管路有无扭结、磨损、腐蚀或其他损坏
22	检查作业-燃油供给系统-检查燃油管路的安装及接头紧固情况
23	检查作业-燃油蒸发系统-检查燃油蒸发管路及接头有无泄漏
24	检查作业-燃油蒸发系统-检查燃油蒸发管路有无扭结、磨损、腐蚀或其他损坏
25	检查作业-燃油蒸发系统-检查燃油蒸发管路的安装及接头紧固情况
26	检查作业-前风窗玻璃洗涤器-检查前风窗玻璃洗涤液液位
27	检查作业-发动机润滑系统-检查发动机润滑油液位
28	检查作业-电源系统-检查蓄电池的安装、污染及损坏情况
29	检查作业-电源系统-检查蓄电池端子有无腐蚀
30	检查作业-电源系统-检查蓄电池端子导线有无松动
31	检测作业-电源系统-检测并记录蓄电池电压（不起动发动机）
32	检查作业-发动机-检查发动机传动带有无变形、磨损、裂纹、脱层或其他损坏
33	检查作业-发动机-检查发动机传动带的安装情况及传动带张力（按压）
34	检查作业-喇叭-检查喇叭按钮及喇叭的工作情况
35	检查作业-组合仪表-检查MIL、AIRBAG、ABS等故障指示灯和充电、防盗指示灯等的工作情况
36	检查作业-组合仪表-检查组合仪表背景灯的点亮及亮度调节情况
37	检查作业-车外灯-检查前示宽灯的工作情况（左右）
38	检查作业-车外灯/组合仪表-检查左前转向信号灯和左转向指示灯的工作情况
39	检查作业-车外灯/组合仪表-检查右前转向信号灯和右转向指示灯的工作情况
40	检查作业-转向灯开关-检查转向信号/多功能开关的自动返回功能

（续）

41	检查作业-车外灯/组合仪表-检查前危险警告灯（左右）和仪表板指示灯的工作情况	61	检查作业-制动系/组合仪表-检查驻车制动器指示灯的工作情况
42	检查作业-车外灯-检查前照灯近光（左右）的工作情况	62	检查作业-制动系统-检查制动踏板工作时有无松旷和异常噪声
43	检查作业-车外灯/组合仪表-检查前照灯远光（左右）和远光指示灯的工作情况	63	检查作业-制动系统-检查制动踏板踩下时的行程和感觉（不起动发动机）
44	检查作业-车外灯/组合仪表-检查前照灯闪光（左右）和远光指示灯的工作情况	64	检测作业-制动系统-测量制动踏板的自由行程
		65	检测作业-制动系统-测量制动踏板的行程
45	检查作业-车内灯-检查前部阅读灯（左右）的工作情况	66	检查作业-制动系统-检查制动助力器的密封性
		67	检查作业-制动系统-检查制动助力器的助力功能
46	检查作业-车内灯-检查中部阅读灯（左右）的工作情况，并将开关置于DOOR位置	68	检查作业-转向系统-检查转向盘和转向柱有无松动
47	检查作业-车外灯-检查后示宽灯（左右）的工作情况	69	检查作业-转向系统-检查转向盘转动时有无摆动
48	检查作业-车外灯-检查左后转向信号灯的工作情况	70	检查作业-转向系统-检查转向柱的倾斜调整情况和倾斜调节杆的锁止情况
49	检查作业-车外灯-检查右后转向信号灯的工作情况	71	检查作业-车门-检查左前车门铰链销是否松旷，铰链固定螺栓有无松动
50	检查作业-车外灯/组合仪表-检查后危险警告灯及其指示灯（左右）的工作情况	72	检查作业-车门-检查左前车门微开开关（门控开关）的工作情况
51	检查作业-车外灯-检查牌照灯的工作情况	73	检查作业-安全带-检查驾驶人座椅安全带是否有撕裂或磨损，安全带拉伸和卷收是否正常
52	检查作业-车外灯-检查制动灯（左右，含高位制动灯）的工作情况	74	检查作业-安全带-检查驾驶人座椅安全带惯性开关、锁扣和安全带开关的工作情况
53	检查作业-车外灯-检查倒车灯的工作情况	75	检查作业-座椅-检查驾驶人座椅的安装是否牢固
54	检查作业-前风窗玻璃洗涤器-检查前风窗玻璃洗涤器的喷射力和喷射位置	76	检查作业-车门-检查左后车门铰链销是否松旷，铰链固定螺栓有无松动
55	检查作业-前风窗玻璃刮水器-检查前风窗玻璃洗涤器喷射时刮水器的联动情况	77	检查作业-车门-检查左后车门微开开关（门控开关）的工作情况
56	检查作业-前风窗玻璃刮水器-检查前风窗玻璃刮水器的低速工作情况	78	检查作业-后悬架-检查左后减振器的阻尼状态
		79	检查作业-车外灯-检查左侧尾灯总成的安装、污染和损坏情况
57	检查作业-前风窗玻璃刮水器-检查前风窗玻璃刮水器的高速工作情况	80	检查作业-车内灯-检查行李箱门灯的工作情况
58	检查作业-前风窗玻璃刮水器-检查前风窗玻璃刮水器的自动回位情况	81	检查作业-备用轮胎-取出备用轮胎
		82	检查作业-备用轮胎-检查轮胎有无有裂纹、损坏和异常磨损
59	检查作业-前风窗玻璃刮水器-检查前风窗玻璃刮水器的刮拭情况	83	检查作业-备用轮胎-检查胎面有无嵌入金属颗粒或其他异物
60	检查作业-制动系统-检查驻车制动器拉杆的行程		

（续）

84	检查作业-备用轮胎-检查胎面沟槽的深度（观察磨损标志）
85	检查作业-备用轮胎-检查钢圈有无损坏或腐蚀
86	检查作业-备用轮胎-检查轮胎气压
87	检查作业-备用轮胎-检查轮胎是否漏气
88	检查作业-备用轮胎-放回备用轮胎
89	检查作业-行李舱盖-检查行李舱盖铰链有无松动
90	检查作业-行李舱盖-检查行李舱锁闩的工作情况
91	检查作业-车身-检查车辆后部的倾斜度
92	检查作业-车外灯-检查右侧尾灯总成的安装、污染及损坏情况
93	检查作业-后悬架-检查右后减振器的阻尼状态
94	检查作业-汽油加注口门-检查安装、变形和损坏情况
95	检查作业-汽油加注口门-检查打开和关闭情况
96	检查作业-汽油加注口盖-检查汽油加注口盖的连接和旋紧情况
97	检查作业-车门-检查右后车门铰链销是否松旷，铰链固定螺栓有无松动
98	检查作业-车门-检查右后车门微开开关（门控开关）的工作情况（打开点火开关）
99	检查作业-车门-检查右前车门铰链销是否松旷，铰链固定螺栓有无松动
100	检查作业-车门-检查右前车门微开开关（门控开关）的工作情况（打开点火开关）
101	检查作业-前悬架-检查右前减振器的阻尼状态
102	检查作业-车外灯-检查右前照灯的安装、污染和损坏情况
103	检查作业-车身-检查车身前部的倾斜度
104	检查作业-车外灯-检查左前照灯的安装、污染及损坏情况
105	检查作业-前悬架-检查左前减振器的阻尼状态
106	检查作业-发动机舱盖-检查发动机舱盖锁闩的工作情况
107	检查作业-发动机舱盖-检查发动机舱盖铰链有无松动
108	拆装作业-发动机-拆下润滑油加注口盖
109	检查作业-变速器-检查变速杆及档位指示灯的工作情况，并将变速杆置于空档
110	拆装作业-作业准备-释放驻车制动器
以下是顶起位置 2	
111	检查作业-发动机-检查发动机各部结合面有无漏油
112	检查作业-发动机-检查发动机各油封有无漏油
113	检查作业-发动机-检查发动机放油螺塞有无漏油
114	拆装作业-发动机-排放发动机润滑油
115	检查作业-发动机-检查散热器有无脏污、变形、泄漏或损坏
116	检查作业-传动系统-检查左驱动轴护套有无泄漏、裂纹或损坏（外侧）
117	检查作业-传动系统-检查左驱动轴护套有无泄漏、裂纹或损坏（内侧）
118	检查作业-传动系统-检查右驱动轴护套有无泄漏、裂纹或损坏（外侧）
119	检查作业-传动系统-检查右驱动轴护套有无泄漏、裂纹或损坏（内侧）
120	检查作业-转向系统-检查左转向横拉杆有无松旷、变形或损坏
121	检查作业-转向系统-检查左转向横拉杆防尘罩有无裂纹或损坏
122	检查作业-转向系统-检查右转向横拉杆有无松旷、变形或损坏
123	检查作业-转向系统-检查右转向横拉杆防尘罩有无裂纹或损坏
124	检查作业-制动系统-检查制动管和制动软管的接头有无泄漏
125	检查作业-制动系统-检查制动管和制动软管有无扭结、磨损、腐蚀或其他损坏
126	检查作业-制动系统-检查制动管和制动软管的安装情况

（续）

127	检查作业-燃油供给系统-检查燃油管路有无泄漏	145	检查作业-后悬架-检查右后减振器有无漏油、变形或损坏
128	检查作业-燃油供给系统-检查燃油管路有无扭结、磨损、腐蚀或其他损坏	146	检查作业-后悬架-检查左后弹簧有无锈蚀、变形或损坏
129	检查作业-燃油供给系统-检查燃油管路的安装及接头紧固情况	147	检查作业-后悬架-检查右后弹簧有无锈蚀、变形或损坏
130	检查作业-燃油蒸发系统-检查燃油蒸发管路有无泄漏（可见部分）	148	拆装作业-发动机-更换新的放油螺塞密封件并安装放油螺塞
131	检查作业-燃油蒸发系统-检查燃油蒸发管路有无扭结、磨损、腐蚀或其他损坏（可见部分）	149	紧固作业-前副车架-紧固前副车架与车身连接螺栓（后部）
132	检查作业-燃油蒸发系统-检查燃油蒸发管路的安装及接头紧固情况（可见部分）	150	紧固作业-后桥托架-紧固后桥托架与车身连接螺栓（内侧）
133	检查作业-排气系统-检查三元催化转化器、排气管、消声器有无凹陷、刮伤、腐蚀或其他损坏	151	紧固作业-后悬架-紧固左后减振器下螺栓
		152	紧固作业-后悬架-紧固右后减振器下螺栓
134	检查作业-排气系统-检查排气系统各密封垫片有无泄漏		以下是顶起位置 3
		153	检查作业-前悬架-检查左前减振器有无漏油
135	检查作业-排气系统-检查排气管、消声器的吊挂有无损坏或脱落	154	检查作业-前悬架-检查左前减振器弹簧有无锈蚀、变形或损坏
136	检查作业-前悬架-检查左下控制臂有无变形、刮伤或其他损坏	155	检查作业-车轮-检查左前车轮轴承有无松旷或旋转噪声
137	检查作业-前悬架-检查右下控制臂有无变形、刮伤或其他损坏	156	检查作业-车轮-检查左后车轮轴承有无松旷或旋转噪声
138	检查作业-前悬架-检查左前转向节和减振器有无变形、裂纹或其他损坏	157	检查作业-车轮-检查右后车轮轴承有无松旷或旋转噪声
139	检查作业-前悬架-检查右前转向节和减振器有无变形、裂纹或其他损坏	158	检查作业-前悬架-检查右前减振器有无漏油
		159	检查作业-前悬架-检查右前减振器弹簧有无锈蚀、变形或损坏
140	检查作业-前悬架-检查稳定杆有无松旷、变形或损坏	160	检查作业-车轮-检查右前车轮轴承有无松旷或旋转噪声
141	检查作业-前悬架-检查稳定杆左侧连杆有无松旷、变形或损坏	161	拆装作业-车轮-拆卸车轮（左侧）
		162	拆装作业-车轮-拆卸车轮（右侧）
142	检查作业-前悬架-检查稳定杆右侧连杆有无松旷、变形或损坏	163	检查作业-制动系统-检查车轮制动钳相对于制动钳托架有无松旷（左侧）
143	检查作业-后桥-检查后桥有无变形、刮伤、裂纹或其他损坏	164	检查作业-制动系统-检查车轮制动钳相对于制动钳托架有无松旷（右侧）
144	检查作业-后悬架-检查左后减振器有无漏油、变形或损坏	165	拆装作业-制动系统-拆卸并检查车轮制动钳壳体有无裂纹或损坏（左侧）

（续）

166	拆装作业-制动系统-拆卸并检查车轮制动钳壳体有无裂纹或损坏（右侧）	184	检测作业-制动系统-测量并记录制动盘横向跳动量（右侧）
167	检查作业-制动系统-检查车轮制动钳活塞有无制动液泄漏（左侧）	185	拆装作业-制动系统-安装左前车轮制动片固定弹簧、制动片和制动钳（左侧）
168	检查作业-制动系统-检查车轮制动钳活塞有无制动液泄漏（右侧）	186	拆装作业-制动系统-安装右前车轮制动片固定弹簧、制动片和制动钳（右侧）
169	拆装作业-制动系统-拆卸并检查车轮制动片固定弹簧有无变形、裂纹或损坏（左侧）	187	拆装作业-制动系统-安装车轮并预紧固（左侧）
		188	拆装作业-制动系统-安装车轮并预紧固（右侧）
170	拆装作业-制动系统-拆卸并检查车轮制动片固定弹簧有无变形、裂纹或损坏（右侧）	以下是顶起位置 4	
		189	紧固作业-作业准备-拉紧驻车制动器
171	检查作业-制动系统-检查车轮制动钳安装托架有无变形或损坏（左侧）	190	紧固作业-作业准备-放置车轮挡块
		191	紧固作业-作业准备-将变速杆置于 P 位
172	检查作业-制动系统-检查车轮制动钳安装托架有无变形或损坏（右侧）	192	紧固作业-作业准备-恢复制动踏板行程
		193	紧固作业-车轮-紧固车轮螺母（左侧）
173	检查作业-制动系统-检查车轮制动钳导销是否松旷，导销护套有无裂纹或损坏（左侧）	194	紧固作业-车轮-紧固车轮螺母（右侧）
		195	拆装作业-发动机-拆卸机油滤清器盖及密封件
174	检查作业-制动系统-检查车轮制动钳导销是否松旷，导销护套有无裂纹或损坏（右侧）	196	拆装作业-发动机-更换机油滤清器芯
175	检测作业-制动系统-测量并记录车轮制动片厚度（内侧）（左侧）	197	拆装作业-发动机-更换新的密封件并安装机油滤清器盖
176	检测作业-制动系统-测量并记录车轮制动片厚度（内侧）（右侧）	198	拆装作业-发动机-填写发动机润滑油更换记录表并加注发动机润滑油
		199	检查作业-发动机-检查并清洁空气滤清器外壳
177	检测作业-制动系统-测量并记录车轮制动片厚度（外侧）（左侧）	200	拆装作业-发动机-更换空气滤清器
		201	检查作业-发动机-检查并记录冷却液冰点
178	检测作业-制动系统-测量并记录车轮制动片厚度（外侧）（右侧）	202	检查作业-作业准备-起动发动机并暖机
179	检查作业-制动系统-目视检查车轮制动盘有无裂纹、沟槽或损坏（左侧）	203	检查作业-玻璃升降器-检查左前门玻璃升降器及主控制开关（仅玻璃升降）的工作情况
180	检查作业-制动系统-目视检查车轮制动盘有无裂纹、沟槽或损坏（右侧）	204	检查作业-玻璃升降器-检查右前玻璃升降器的工作情况
181	检测作业-制动系统-测量并记录制动盘厚度及偏差（左侧）	205	检查作业-玻璃升降器-检查左后玻璃升降器的工作情况
182	检测作业-制动系统-测量并记录制动盘厚度及偏差（右侧）	206	检查作业-玻璃升降器-检查右后玻璃升降器的工作情况
183	检测作业-制动系统-测量并记录制动盘横向跳动量（左侧）	207	检查作业-车外后视镜-检查左后视镜的工作情况
		208	检查作业-车外后视镜-检查右后视镜的工作情况
		209	检查作业-发动机-复查喷洗液液位，必要时补充

（续）

210	检查作业-发动机冷却系统-检查散热器盖有无泄漏	以下是顶起位置 6	
		217	恢复作业-工具准备-关闭尾气分析仪
211	检测作业-电源系统-检测并记录蓄电池充电电压	218	检查作业-发动机冷却系统-检查冷却液液位
212	检测作业-发动机排气-检测尾气排放值（怠速）	219	检查作业-发动机润滑系统-检查发动机润滑油液位
213	检查作业-作业准备-发动机停机		
以下是顶起位置 5		220	恢复作业-工具准备-清洁工具设备并归位
		221	恢复作业-防护用品-拆卸翼子板布和前格栅布
214	检查作业-发动机润滑系统-检查发动机润滑油有无泄漏	222	恢复作业-防护用品-拆除座椅套、地板垫、转向盘套
215	检查作业-制动系统-检查制动液有无泄漏		
		223	清洁作业-车辆内部-清洁车辆内部、烟灰缸等
216	检查作业-发动机冷却系统-检查冷却液有无泄漏	224	清洁作业-车辆外部-清洁车辆外部

参 考 文 献

[1] 丰田汽车公司. 汽车维修教程 [M]. 北京：高等教育出版社，2006.
[2] 杨建良. 整车维护 [M]. 南京：江苏教育出版社，2011.
[3] 王风军. 汽车维护和实训保养 [M]. 北京：冶金工业出版社，2009.
[4] 谭本忠. 汽车维护与保养图解教程 [M]. 北京：机械工业出版社，2012.